CUISINER EN VAN LIFE

Publié pour la première fois au Royaume-Uni
en 2022 par Pavillon
43 Great Ormond Street
Londres
WC1N 3HZ

Direction : Catherine Saunier-Talec
Responsable éditoriale : Lisa Grall
Édition : Pauline Bécet
Traduction : Elena Bipucet
Mise en page : Nord Compo
Préparation de copie : Emmanuelle Fernandez
Relecture : Mélanie Rebillaud
Responsable artistique : Nicolas Gallois
Fabrication : Amélie Latsch
Responsable partenariats : Dana Lichiardopol
(dlichiardopol@hachette-livre.fr)

Dépôt légal : avril 2024
39-0736-8
ISBN : 978-2-01-726631-0
Imprimé en Espagne

CUISINER EN VAN LIFE

De délicieuses recettes
pour la vie sur la route :
des petits aux
grands espaces

DANNY JACK & HAILEE KUKURA

hachette

Introduction

Bienvenue dans le livre *Cuisiner en van life*. Celui-ci est avant tout un guide pratique et visuel rempli de recettes testées et approuvées qui célèbrent les joies et les opportunités inattendues que de petits espaces peuvent apporter en cuisine – que ce soit dans un camping-car ou une caravane, sur une péniche, à la maison, avec un budget limité, ou tout cela à la fois.

Il vise à dépasser la simple collection de plats qui peuvent être préparés sur un réchaud à gaz à deux feux ou sur un feu de camp. Il s'agit plutôt d'une façon de cuisiner et de manger qui permet d'économiser à la fois du temps et de l'argent, qui est bonne pour la santé et qui utilise ce qu'il y a de mieux dans votre environnement immédiat. Cet ouvrage vous encourage à creuser sous la surface et à regarder au-delà de la commodité du supermarché, des « solutions rapides » et des restaurants ou plats à emporter occasionnellement décevants, et à découvrir tout un monde de producteurs indépendants et de joyaux cachés. Il est possible de tomber sur de l'ail sauvage poussant en abondance au début du printemps, sur des vendeurs de cerises et de fraises fraîches et juteuses sur des aires de repos au milieu de l'été, et même de trouver des œufs de poules élevées en plein air au bout de l'allée d'un particulier pendant une grande partie de l'année.

Des achats économes, des trouvailles issues de la cueillette et une collection de recettes solides encourageront les cuisiniers de tous niveaux et toute personne disposant d'un feu, de quelques casseroles et d'un couteau à cuisiner à être plus créatifs en utilisant ce qui se trouve à portée de main. Optimiser le temps passé à l'extérieur, réduire le temps passé dans les files d'attente des supermarchés et bien manger, tout le monde y gagne – et ce type de préparation inventive des aliments entretient la créativité et nourrit une approche consciente dans la cuisine. Et surtout, c'est amusant.

Toutes les recettes sont élaborées à partir de zéro, en utilisant principalement des aliments complets et sans aucun équipement électrique, de sorte que nous espérons encourager les lecteurs à apprendre et à cuisiner davantage. Un peu de temps, d'efforts et d'appétit pour cette approche seront largement récompensés.

Certains lecteurs ne se sentent pas toujours aventureux dans leur façon de préparer les aliments, mais presque tout le monde sait reconnaître et apprécier un bon repas quand il le déguste. Les recettes sont conçues pour une configuration et un budget limités – nous avons constaté que le fait de travailler avec ces contraintes favorise la créativité, développe l'autonomie et est un peu plus gratifiant. Cela s'applique également à l'achat de produits d'occasion, en dénichant de bonnes affaires comme des casseroles et des ustensiles dans des marchés aux puces et des magasins de seconde main tout au long de notre parcours.

Nous avons remarqué que de plus en plus de personnes de tous âges cherchent à vivre autrement, à se rapprocher de la nature et à changer leur mode de vie pour devenir plus autosuffisants. Nous avons écrit ce livre en nous inspirant de nos propres voyages, en rendant visite à des amis, en explorant le Royaume-Uni et en allant aux États-Unis pour visiter notre famille. Nous avons créé ce livre pour ceux qui ont soif de liberté et d'aventure, qui recherchent une communauté et un lien plus profond avec la nourriture et son origine.

Autre remarque : bien que la plupart des recettes de ce livre soient végétariennes ou à base de plantes et vegan, certaines contiennent de la viande, du poisson ou des crustacés. Notre régime alimentaire est à 90 % végétarien et cela se reflète dans ce livre. Lorsque nous mangeons de la viande, nous essayons de nous approvisionner directement auprès de fermes et nous choisissons des produits à haut niveau de bien-être ou du gibier de saison. Lorsque nous mangeons des fruits de mer, nous essayons de nous approvisionner auprès de petits bateaux de pêche journalière ou de fermes réputées, en évitant les espèces figurant sur les listes de protection. Nous essayons de faire preuve de discernement et de maintenir un certain niveau de scepticisme ; la véritable transparence autour des programmes accrédités, de l'étiquetage et autres peut être compliquée, mais notre seul véritable conseil est de faire vos propres recherches, de faire confiance à vos papilles gustatives et vous serez sûr d'être heureux et de vous sentir bien dans ce que vous mangez. Il n'y a pas de règles, il n'y a que ce qui vous semble bon, et savoureux, bien sûr.

Conseils, astuces et trucs de cuisine

Lorsque l'on prépare des plats à l'extérieur ou dans des espaces restreints, quelques conseils et astuces peuvent s'avérer très utiles. Le bon équipement au bon endroit est essentiel ; il s'agit surtout d'une utilisation réfléchie des rangements et d'une cuisine bien organisée et conviviale. En rationalisant votre espace, vous pouvez gagner du temps et de l'énergie, ce qui vous laisse plus de moments pour vous détendre. Vous pouvez également économiser sur la vaisselle.

Conseils pratiques

- Placez un torchon ou du papier absorbant humide sous la planche à découper pour l'empêcher de glisser.
- Utilisez un torchon comme support de séchage, en l'essorant entre chaque utilisation.
- Utilisez des récipients de même taille pour la préparation et le stockage des aliments : l'idéal est d'utiliser des récipients de 1 litre.
- Si vous n'avez pas de couvercles, utilisez à la place des assiettes ou de grands bols pour faire bouillir l'eau plus rapidement, économiser de l'énergie et garder les aliments au chaud.
- Utilisez de vieux récipients alimentaires pour conserver les restes de légumes pendant la préparation.
- Un bac à vaisselle permet d'économiser de l'eau et du temps.
- Un porte-couteaux magnétique est relativement bon marché et constitue un excellent moyen de libérer de l'espace dans la cuisine. Il permet également de conserver vos couteaux en bon état.
- Les pots de confiture. Vissez le couvercle sous une étagère et vous obtenez une solution de rangement efficace et bon marché.
- Une petite cafetière ou une théière robuste – le thé en vrac est souvent plus agréable, réduit les déchets plastiques et permet d'économiser de l'argent à long terme.
- Utilisez des caisses de restauration ou des boîtes qui s'empilent pour vous aider à stocker d'autres articles du van. Vous pouvez parfois les trouver jetées par les restaurants ou les boulangeries.
- Investissez dans une bonne bouteille isotherme. Une gourde à double paroi, qui permet de transporter des boissons chaudes et froides, fait également l'affaire.
- Assurez-vous d'avoir une bonne glacière si vous n'avez pas de réfrigérateur.
- Une table légère et pliante pour quatre personnes pour les repas en plein air.
- Outils de recherche de nourriture : guides, panier, sac à linge, couteau de poche, truelle, sacs à glissière réutilisables pour la nourriture recherchée.

Nos listes de produits phares

Au départ, nous étions réticents à l'idée de fournir une longue liste d'équipements et d'ingrédients indispensables à la réalisation des recettes de ce livre. Cependant, tous les ingrédients de base du garde-manger mentionnés ci-dessous apparaissent plusieurs fois dans nos recettes et sont des ingrédients véritablement polyvalents, qui deviendront probablement vos préférés. En outre, bon nombre de nos recettes proposent des options et des substitutions afin que vous puissiez utiliser ce dont vous disposez immédiatement ou ce qui est de saison.

Ingrédients

- Dans nos recettes, nous utilisons le sel marin fin pour l'assaisonnement général pendant la cuisson et le sel marin en flocons pour la finition et la garniture des plats.
- Poivre noir en grains (fraîchement moulu à l'aide d'un bon moulin)
- Paprika fumé
- Graines de coriandre
- Graines de fenouil
- Cumin moulu
- Curcuma moulu
- Sauce de poisson, que vous pouvez remplacer par du jus de citron vert et du sel (option vegan)
- Flocons de piment séché
- Sauce pimentée (pour préparer votre propre sauce pimentée fermentée, voir page 133)
- Anchois en conserve
- Nous avons tendance à utiliser de la sauce soja foncée ou du tamari dans nos recettes (le tamari est sans gluten)
- Huile d'olive extra-vierge et huile d'olive ordinaire. Toutes nos recettes font simplement référence à l'huile d'olive dans la liste des ingrédients – dans tous ces cas, nous vous recommandons d'utiliser de l'huile d'olive extra-vierge.
- Huile de coco
- Huile de sésame
- Vinaigre de cidre
- Sirop de dattes
- Levure nutritionnelle

Matériel de cuisson

Nos recettes ont été conçues pour une installation minimale. Il s'agit de cuisiner sur deux réchauds à gaz ou sur un feu ouvert (ou barbecue), en utilisant le gaz et l'eau avec parcimonie. La majorité des recettes de ce livre ne nécessiteront jamais que deux casseroles à la fois, et bien qu'aucune des méthodes ne requière l'utilisation d'un four ou d'un équipement électrique, certaines étapes peuvent être facilitées par l'utilisation d'un mixeur ou d'un fouet à main électrique. Si vous avez accès à ces équipements, faites preuve de discernement avec les recettes. Au minimum, nous vous recommandons d'utiliser les éléments suivants dans votre cuisine.

- Planches à découper : une grande et une petite, au cas où deux personnes voudraient cuisiner en même temps.
- Couteaux de cuisine bien aiguisés : l'idéal est de les conserver sur un support magnétique pour éviter qu'ils ne s'émoussent.
- Poêles à frire : une grande poêle à frire antiadhésive est indispensable. Idéalement, une poêle en fonte, qui peut être utilisée sur un feu ouvert et qui durera toute une vie si vous l'huilez régulièrement et l'entretenez.
- Casseroles et faitouts : deux récipients suffisent. Un faitout pour les soupes, les ragoûts, les currys et la cuisson des pâtes et des céréales, et une sauteuse plus petite pour les œufs, les sauces, la bouillie, le riz, les céréales et les desserts. Les casseroles sont de préférence munies d'un couvercle, mais vous pouvez toujours le remplacer par une assiette. Une troisième casserole de taille moyenne peut être utile, mais seulement si vous disposez de l'espace nécessaire.
- Culs-de-poule : les culs-de-poule empilables en acier inoxydable sont idéaux. Un grand et un petit pour mélanger et servir les salades, fouetter la crème et préparer les vinaigrettes et les sauces.
- Ustensiles : les ustensiles indispensables sont le fouet, la spatule, les cuillères en bois, l'ouvre-boîte, le tire-bouchon, les couverts, les pinces en métal et une petite râpe à fromage plate munie d'un manche. Les microplanes sont très pratiques pour le gingembre frais, l'ail et le parmesan frais.
- Passoire : utile, mais nous nous en passons souvent en filtrant soigneusement avec une assiette placée au-dessus de la casserole, ce qui permet au liquide de cuisson de s'échapper, mais pas aux ingrédients.

- Balance ou gobelets gradués : nous sommes conscients qu'emporter une balance numérique n'est peut-être pas une priorité, mais c'est le moyen le plus efficace de suivre les recettes. Vous pouvez acheter de petites balances en ligne à un prix relativement bas et elles ne prendront pas beaucoup de place. Sinon, les mesures en cup sont une bonne métrique et peuvent être utilisées avec les conversions suivantes :
  1 cup = 16 cuil. à soupe ou 240 ml
  ½ cup = 8 cuil. à soupe ou 120 ml
  1 cuil. à soupe = 15 ml ou 15 g
  1 cuil. à café = 5 ml ou 5 g
- Récipients en verre ou en plastique avec couvercles et pots de confiture : la palme de la zone la plus désordonnée d'une cuisine revient à celle des récipients. Le fait de disposer d'un grand nombre de récipients empilables, de même taille et munis d'un couvercle, vous permettra de mieux organiser vos aliments, de les conserver plus longtemps, de garder la tête froide et d'occuper moins d'espace. Les récipients peuvent également servir de boîtes à sandwich ou vous aider à organiser vos préparations lorsque vous cuisinez. Le plastique, le verre ou l'acier inoxydable sans danger pour les aliments (BPA), avec des couvercles à joint de cire, sont les meilleures options. Vous pouvez même mesurer les étagères de votre réfrigérateur ou de votre glacière et acheter des récipients adaptés à leurs dimensions.
- Une pile de torchons propres : plusieurs torchons absorbants peuvent vous sauver la vie. Essorez-les au besoin pour que les torchons mouillés puissent sécher. Les torchons réutilisables/lavables constituent une bonne alternative aux produits jetables.
- Désinfectant/nettoyant : dans le van et à la maison, nous utilisons un mélange de vinaigre d'alcool et d'eau versé dans un flacon pulvérisateur réutilisable, avec quelques gouttes d'huile essentielle ou de citron pour que cela sente bon.
- Essuie-tout : l'essuie-tout peut être très utile mais aussi source de gaspillage. Nous achetons les grands rouleaux utilisés en restauration plutôt que de l'essuie-tout standard, mais nous essayons de ne pas l'utiliser du tout si possible et de nous servir à la place de torchons ou de serviettes de cuisine absorbantes réutilisables (voir ci-dessus).

Conseils de cuisine : les bases

Suivez les conseils de cuisson ci-dessous pour obtenir des produits de base impeccables à chaque fois. Vous économiserez des efforts et éviterez toute bouillie, tout égouttage inutile et tout gaspillage excessif.

Le riz : pour obtenir un riz bien moelleux, il suffit de respecter un rapport de 2 : 1 entre l'eau et le riz au départ. Cette méthode simple fonctionne à tous les coups pour la plupart des variétés. Mesurez la quantité de riz souhaitée dans une tasse et versez-la dans une casserole ou un faitout (vous pouvez rincer votre riz au préalable, si vous le souhaitez, mais ce n'est pas nécessaire). Ensuite, versez de l'eau froide dans la même tasse, au même niveau que le riz, et versez-la dans la casserole, puis répétez l'opération afin d'obtenir le double du volume d'eau par rapport au riz. Faites chauffer à feu vif avec une grosse pincée de sel et portez à ébullition, puis réduisez le feu à un faible frémissement et couvrez d'un couvercle ou d'une assiette. Une fois couvert, le temps de cuisson devrait être de 7 à 10 min pour le riz blanc et de 15 à 20 min pour le riz brun. Une fois que l'eau est entièrement absorbée, retirez du feu, puis laissez reposer le riz cuit couvert pendant quelques minutes ou jusqu'à ce que vous soyez prêt à le servir.

Pâtes : salez généreusement l'eau de cuisson – un proverbe dit qu'elle doit être aussi salée que la mer Méditerranée. Ajoutez un filet d'huile d'olive, puis versez les pâtes dans l'eau bouillante. Conservez toujours une partie de l'eau de cuisson pour l'utiliser dans votre sauce afin d'obtenir une consistance parfaite. Le temps de cuisson des pâtes sèches est généralement de 10 à 12 min. Tous les poids et temps de cuisson indiqués pour les pâtes dans nos recettes correspondent à ceux de pâtes sèches (et non fraîches).

Nouilles (riz, œuf ou blé) : certaines nouilles ne nécessitent qu'un trempage dans l'eau bouillante pendant 10 min ou plus, tandis que d'autres doivent être bouillies pendant 1 à 2 min. Une fois égouttées, mélangez-les avec un peu d'huile neutre ou de sésame pour éviter qu'elles ne collent entre elles jusqu'à ce que vous en ayez besoin pour le plat. Vérifiez toujours les instructions sur l'emballage pour obtenir les meilleurs résultats.

Pommes de terre : les pommes de terre nouvelles peuvent être laissées entières (ou coupées en deux si elles sont grosses), et les pommes de terre normales, plus grosses, sont meilleures coupées en quarts ou en morceaux de taille égale. Ajoutez-les à un faitout d'eau froide, salez généreusement, portez à ébullition et faites cuire jusqu'à ce qu'elles soient tendres. Égouttez-les dans une passoire et dégustez-les directement, ou laissez-les refroidir pour la salade de pommes de terre ou les pommes de terre sautées ci-après.

Pour les pommes de terre sautées, coupez-les dans la forme souhaitée une fois qu'elles sont suffisamment froides pour être manipulées. Chauffez environ 2 cuil. à soupe d'huile neutre ou d'huile d'olive dans une grande poêle antiadhésive, ajoutez les pommes de terre et faites-les cuire à feu vif, en les retournant une fois, jusqu'à ce qu'elles soient colorées et croustillantes des deux côtés, soit environ 5 à 7 min. Assaisonnez de sel dans la poêle, puis servez (avant de servir, vous pouvez les égoutter sur du papier absorbant ou un torchon propre afin d'éliminer une partie de l'huile après la cuisson).

Quinoa : suivez une méthode similaire à celle du riz en ajoutant le double de la quantité d'eau au grain avec une pincée de sel, puis portez à ébullition et laissez mijoter, à couvert, pendant 10 à 12 min. Éteignez le feu et laissez reposer pendant au moins 5 min, puis égrenez le quinoa à l'aide d'une fourchette.

Lentilles du Puy : utilisez un rapport de 1 : 3 entre les lentilles séchées (rincées) et l'eau (soit 100 g de lentilles pour 300 ml d'eau) et suivez la même méthode que pour le quinoa ci-dessus. Pour les céréales plus grosses, telles que l'orge perlé et l'épeautre, faites-les bouillir dans une grande quantité d'eau jusqu'à ce qu'elles soient tendres, généralement pendant 20 à 30 min, puis égouttez-les. Assaisonnez une fois la cuisson terminée.

Pour les légumes-feuilles : nous trouvons souvent que la cuisson à la vapeur est plus rapide et plus économe en énergie. Il suffit de faire chauffer une grande poêle à frire antiadhésive, d'y ajouter les légumes verts préparés (chou kale, épinards, bettes à carde, etc.), 1 cuil. à soupe d'huile (nous préférons l'huile de coco pour les légumes verts, mais l'huile d'olive convient également), un peu de sel et un filet d'eau, puis de placer un couvercle et de faire cuire à feu vif pendant environ 1 min jusqu'à ce qu'ils soient flétris, tendres et d'un vert éclatant.

Cuisiner avec le feu

Il faut environ 30 à 45 min pour qu'un barbecue atteigne la température de cuisson avec du bois ou du charbon de bois (les tailles varient, bien sûr). Le guide ci-dessous devrait vous aider :

- Encore noir ou gris avec des flammes : pas encore prêt.
- Blanc brillant avec des braises rouges : presque prêt ; attendez encore un peu.
- Blanc cendré et gris, mais encore très chaud : prêt pour la cuisson.
- Si vous cuisinez sur un feu ouvert, comme avec un barbecue au charbon de bois, attendez que les braises soient prêtes avant de commencer à cuisiner dessus à l'aide d'une poêle à griller ou d'une grille.

PETITS DÉJEUNERS *et* BRUNCHS

Flocons d'avoine au riz brun avec du gingembre et du miel

Bonne alternative au porridge classique, voici notre version plus sucrée du *congee* – un plat de porridge chinois simple et populaire, idéal si vous ne vous sentez pas dans votre assiette. C'est aussi une excellente façon d'utiliser les restes de riz. Le gingembre râpé est particulièrement apaisant si vous souffrez d'indigestion et avez besoin de quelque chose de doux pour l'estomac ; ici, il est délicatement infusé dans le lait pour conférer une chaleur subtile à tout le plat. La note de fin : un filet de miel de bonne qualité.

Pour 2 personnes

Pour les flocons d'avoine au riz brun

350 ml de lait ou de boisson végétale, ou un mélange de lait et d'eau
un petit morceau de gingembre frais, pelé et râpé
1 cuil. à café de cannelle moulue
250 g de riz brun à grain court cuit (idéalement, des restes sont meilleurs)
1 cuil. à café de sucre roux doux ou de sucre en poudre
une pincée de sel

Pour la garniture

2 cuil. à soupe de miel, de sirop de dattes ou d'un autre sucrant
1 banane, coupée en fines tranches (facultatif)
une poignée de noix crues hachées de votre choix (facultatif)

Il suffit de verser le lait de votre choix (ou le lait et l'eau) dans une casserole avec le gingembre et la cannelle et de laisser mijoter quelques minutes.

Ajoutez le riz cuit en remuant bien pour éliminer les grumeaux. Incorporez le sucre et la pincée de sel.

Faites cuire pendant 7 à 8 min jusqu'à ce que le mélange soit bien chaud et qu'il ait la consistance souhaitée. Si elle est trop épaisse, ajoutez un peu de lait et prolongez la cuisson d'1 min.

Répartissez les flocons d'avoine dans deux bols. Arrosez-les de miel et garnissez-les de tranches de banane et de noix hachées (si vous en utilisez). Servez.

Shortstacks de sarrasin

Il s'agit de pancakes servis à l'américaine. Appelés « *shortstacks* », ils sont un peu plus épais que nos crêpes traditionnelles et absorbent agréablement le sirop et le jus des baies. Si vous préférez des crêpes plus fines, il vous suffit d'ajouter un peu plus de lait à votre pâte.

Pour 2 ou 3 personnes (environ 6 grands pancakes)

Pour la pâte

150 g de farine de sarrasin ou 150 g de farine complète ordinaire
2 cuil. à café de sucre en poudre blond ou de sucre en poudre blanc
1 cuil. à café de levure chimique
1 petite poire ou pomme, évidée et râpée (facultatif)
250 ml de lait ou de boisson végétale, à température ambiante
2 œufs
environ 1 cuil. à soupe de beurre, pour la cuisson

Pour servir

1 cuil. à soupe de sirop de dattes, de miel, de sirop d'érable ou du sucrant de votre choix
2 à 3 cuil. à soupe de yaourt à la grecque (laitier ou végétal)
150 g de baies en barquette (myrtilles, framboises…)

Pour la pâte, mélangez la farine, le sucre, la levure, la poire ou la pomme râpée (le cas échéant), le lait et les jaunes d'œufs dans un saladier à l'aide d'un fouet jusqu'à l'obtention d'un mélange homogène.

Dans un autre saladier, fouettez les blancs d'œufs jusqu'à ce qu'ils commencent à former des pics, puis incorporez-les au mélange de farine. Couvrez et laissez reposer pendant au moins 10 min.

Chauffez une grande poêle à frire antiadhésive à feu moyen-vif et graissez-la généreusement avec un peu de beurre. Versez une louche de pâte au centre de la poêle et laissez cuire, puis retournez la pâte lorsqu'elle commence à bouillonner au milieu, soit environ 2 min. Faites cuire de l'autre côté pendant 1 à 2 min, jusqu'à ce que le pancake soit légèrement brun des deux côtés et un peu croustillant sur les bords. Déposez dans une assiette et gardez au chaud.

Répétez l'opération, en regraissant la poêle avec du beurre si nécessaire et en faisant cuire un pancake à la fois ; couvrez les pancakes d'un torchon propre jusqu'à ce qu'ils soient tous cuits.

Répartissez-les dans vos assiettes et arrosez-les de sirop. Servez chaque portion avec une cuillerée de yaourt et parsemez de baies.

Porridge de maman aux noisettes et au sirop d'érable

Un concours mondial de fabrication de porridge est organisé chaque année au Carrbridge Village Hall, dans les Cairngorms, en Écosse. Le premier prix est une *spurtle* d'or, un ustensile en bois qui permet de remuer la bouillie à la perfection. Les concurrents ne peuvent utiliser que de l'eau, de l'avoine et du sel. Tout est dans la méthode. Mon père et ma mère sont originaires du Stirlingshire et du Fife – des comtés d'Écosse –, ils ont élevé notre famille au Pays de Galles, puis sont retournés sur le lieu de leurs racines il y a quelques années. Ils ont depuis perfectionné leur recette de porridge. Remarque : l'extrémité d'une cuillère en bois fait tout aussi bien l'affaire.

Pour 2 personnes

135 g de flocons d'avoine
340 ml de lait (ou d'eau froide, si vous préférez la méthode traditionnelle)
une pincée de sel, plus un supplément (facultatif) pour servir

Pour servir (facultatif)
50 g de noisettes crues hachées ou d'autres noix crues hachées de votre choix
100 g de fruits frais hachés (pomme, poire…)
2 cuil. à soupe de sirop d'érable ou d'un autre sucrant
2 cuil. à soupe de lait ou de crème épaisse entière

Versez les flocons d'avoine, 250 ml d'eau froide, le lait (ou l'eau) et la pincée de sel dans une casserole à feu moyen. À l'aide d'une cuillère en bois ou d'une *spurtle*, remuez le mélange pour répartir uniformément les ingrédients.

Faites chauffer lentement, en remuant doucement et régulièrement pour éviter que le mélange n'adhère au fond de la casserole. Au bout d'environ 4 min, le mélange doit arriver à une légère ébullition avec des bulles qui éclatent en libérant de la vapeur.

Réduisez encore le feu et continuez à remuer pendant 3-4 min. Ne laissez pas la sauce accrocher au fond de la casserole.

Lorsqu'il est prêt, le porridge doit coller à la cuillère en bois et avoir une consistance coulante. S'il est trop épais, on peut ajouter un peu d'eau (ou de lait) pour le détendre.

Servez dans des bols et saupoudrez d'un peu de sel pour la méthode traditionnelle. Sinon, préparez vos garnitures, saupoudrez-les et versez-les sur le dessus à votre guise. Dégustez avec une grande cuillère.

Pyttipanna aux pommes de terre

Pyttipanna est un hachis suédois pour le petit déjeuner, généralement préparé avec des restes de porc cuit et des pommes de terre. Il se traduit par « petits morceaux dans une poêle ». Lorsque j'avais une vingtaine d'années, j'habitais près d'Ikea à Bristol et j'ai été brièvement accro à leur version surgelée. Cette version maison est végétarienne et composée d'ingrédients frais pour un début de journée tout aussi savoureux et sain.

Pour 2 personnes

300 g de pommes de terre (les variétés cireuses, c'est-à-dire à faible teneur en amidon, sont les meilleures), lavées avec la peau et coupées en cubes de 1 cm
huile d'olive, pour la friture
1 petit oignon, finement haché
2 gousses d'ail, écrasées
150 g de champignons, coupés en dés
1 petite carotte, lavée et coupée en dés ou râpée
100 g de restes de légumes cuits, tels que brocolis ou courgettes, légumes-racines, tomates, épinards ou poivrons, finement hachés (facultatif)
50 g de fromage végétarien (ou vegan), comme le cheddar mature, le parmesan ou la feta, émietté ou râpé (facultatif)
quelques brins de persil, d'aneth ou de ciboulette, hachés
sel et poivre noir fraîchement moulu

Pour servir
2 œufs, ou brouillade de tofu (voir page 85) pour une version vegan
sauce pimentée, harissa (voir page 135), sauce brune HP ou sauce A.1.

Faites revenir les pommes de terre dans un peu d'huile d'olive avec une pincée de sel dans une grande poêle antiadhésive à feu doux-moyen pendant 15-20 min, jusqu'à ce qu'elles soient tendres. Réservez-les et réservez-les dans un grand saladier pour les garder au chaud.

Ensuite, dans la même poêle, ajoutez l'oignon et l'ail avec un peu plus d'huile d'olive et une autre pincée de sel. Faites cuire pendant 2 min, puis ajoutez les champignons et la carotte, et faites cuire pendant 5 min supplémentaires.

Ajoutez les pommes de terre et mélangez le tout en assaisonnant de sel et de poivre.

Si vous le souhaitez, ajoutez les restes de légumes cuits et faites-les frire pendant 1 min supplémentaire. La poêle sera bien remplie, mais continuez à mélanger jusqu'à ce que tout soit bien mêlé. Terminez avec le fromage (si utilisé) et les herbes fraîches, puis transférez dans un grand saladier, couvrez et mettez de côté.

Toujours dans la même poêle (essuyez-la d'abord), augmentez le feu, ajoutez un peu d'huile d'olive et faites frire vos œufs jusqu'à ce qu'ils soient cuits à votre goût (un jaune d'œuf coulant est meilleur). Vous pouvez également préparer des brouillades de tofu (voir page 85).

Pour servir, répartissez le hachis de pommes de terre dans des assiettes. Déposez un œuf au plat ou une brouillade de tofu sur le hachis, puis nappez de la sauce de votre choix. Si vous en avez, ajoutez quelques pickles (betteraves ou oignons rouges marinés), traditionnels en Suède.

Hachis de boudin noir avec œuf de canard au plat

Il s'agissait d'un plat du jour dans un restaurant bien connu d'Édimbourg, The Dogs, où j'ai travaillé de 2009 à 2010 et où Hailee et moi nous sommes rencontrés pour la première fois.

Pour 4 personnes

500 g de pommes de terre, épluchées et coupées en quatre (choisir une variété farineuse, telle que Maris Piper ou Œil de perdrix)
200 g de boudin noir
2 cuil. à soupe de sauce brune HP ou de sauce A.1., plus un supplément pour servir
1 cuil. à soupe d'huile neutre ou d'huile d'olive, et un peu plus (ou du beurre), pour faire frire les œufs
4 œufs de canard (ou de poule, si vous préférez)
sel et poivre noir fraîchement moulu

Ajoutez les pommes de terre à un faitout d'eau froide salée, portez à ébullition et faites cuire jusqu'à ce qu'elles soient tendres, puis égouttez (gardez l'eau chaude pour plus tard si vous préférez des œufs à la coque ou pochés). Réservez les pommes de terre jusqu'à ce qu'elles soient suffisamment froides pour être manipulées.

Dans un saladier, écrasez les pommes de terre avec les mains, puis émiettez le boudin noir. Ajoutez la sauce brune ou la sauce A.1. ainsi que du sel et du poivre, en mélangeant le tout avec les mains jusqu'à l'obtention d'un ensemble homogène.

Façonnez 4 galettes à hamburger de taille égale et écrasez-les légèrement. Elles peuvent être cuites immédiatement, mais il est préférable de les réserver 1 h au réfrigérateur.

Lorsque vous êtes prêt à cuisiner, préparez une grande poêle à frire antiadhésive et chauffez-la à feu moyen. Ajoutez l'huile et faites frire les galettes à feu moyen-doux pendant 15 à 20 min, jusqu'à ce qu'elles soient croustillantes à l'extérieur et bien cuites, en les retournant soigneusement à mi-cuisson pour vous assurer qu'elles ne brûlent pas. Vous pouvez placer un couvercle ou une assiette sur la poêle pour faciliter la cuisson à cœur à la vapeur.

Pour servir, transférez les galettes dans les assiettes en les couvrant pour les maintenir au chaud. Dans la même poêle, augmentez le feu et faites frire les œufs à votre goût dans un peu d'huile supplémentaire (ou de beurre fondu), ou faites-les pocher ou bouillir dans le faitout d'eau chaude réservée à cet effet. Un jaune d'œuf coulant est ce qu'il y a de mieux. Placez chaque œuf sur le hachis, avec une cuillerée de sauce brune ou A.1. sur le côté.

ORIGINAL
HP
SAUCE

Porridge au sarrasin et au tahini

Notre amie Ro a préparé cette recette de porridge au sarrasin lors du week-end d'anniversaire d'un ami et nous sommes devenus obsédés par la texture, le goût de noisette et le rituel autour de la cuisson des grains, également connus sous le nom de *kasha* en Europe de l'Est. En cherchant à perfectionner notre méthode, nous nous sommes retrouvés dans un labyrinthe de techniques étranges, comme celle qui consiste à faire reposer le *kasha* cuit sous une couverture épaisse pendant 1 h. Nous n'avons pas vraiment essayé, mais nous avons constaté que le fait de couvrir la pâte pendant 5 min après la cuisson permet d'obtenir la texture moelleuse souhaitée. Si vous décidez d'ajuster vos quantités de sarrasin, le rapport entre l'eau et le sarrasin est de 2 pour 1.

Pour 2 personnes

150 g de gruau de sarrasin séché
une pincée de sel
2 à 4 cuil. à soupe de tahini
6 cuil. à soupe de yaourt à la grecque (laitier ou végétal)
2-4 cuil. à soupe de sirop de dattes ou du sucrant de votre choix
1 banane, coupée en tranches (facultatif)

Versez 300 ml d'eau dans une casserole et portez à ébullition.

Pendant que l'eau bout, faites griller le sarrasin à sec dans une poêle à frire antiadhésive chaude, en déplaçant les grains de sarrasin vers le bas jusqu'à ce qu'il soit brun caramel et odorant, environ 3 min 30 s.

Ajoutez lentement le sarrasin grillé à l'eau bouillante avec une pincée de sel. Réduisez le feu à frémissement et laissez cuire, couvert d'un couvercle ou d'une assiette, pendant 8 min ou jusqu'à ce que presque toute l'eau ait été absorbée.

Une fois la cuisson terminée, éteignez le feu et laissez reposer, couvert d'un couvercle, lui-même recouvert d'un torchon propre, pendant au moins 5 min.

Émiettez le sarrasin à l'aide d'une fourchette et répartissez-le dans deux bols. Versez le tahini, le yaourt et le sirop de dattes sur le dessus. Servez avec des tranches de banane, le cas échéant.

Barres de petit déjeuner sans cuisson aux fruits et aux noix

Une barre ou une boule énergétique super rapide et saine en guise de petit déjeuner, et qui ne nécessite aucun kit de préparation. Les dattes sucrent, lient les ingrédients ensemble et contrastent joliment avec les flocons d'avoine grillés. Un bon apport nutritif pour ceux qui ne mangent pas beaucoup avant midi. Préparez-les à l'avance et congelez-les, si elles durent assez longtemps !

Pour 10 barres ou boules

300 g de dattes fraîches dénoyautées (plus elles sont tendres, mieux c'est – nous aimons les Medjool), grossièrement hachées
150 g de noix de cajou crues, finement hachées
50 g d'amandes crues, finement hachées (ou utiliser 50 g supplémentaires de noix de cajou crues)
50 g de flocons d'avoine ou de noix de coco séchée (ou un mélange), grillés

Préparez d'abord vos dattes et vos noix.

Placez ensuite votre poêle à frire antiadhésive sur la cuisinière et augmentez le feu à une température moyenne-élevée. Faites griller les flocons d'avoine ou de noix de coco jusqu'à ce qu'ils commencent à brunir et à sentir le grillé, environ 1 à 2 min.

Versez dans un saladier, laissez refroidir légèrement, puis ajoutez les dattes et les noix, et mélangez soigneusement avec des mains propres.

Avec les mains, divisez et façonnez le mélange en 10 boules rondes, puis conservez-les dans une boîte hermétique au réfrigérateur. Vous pouvez également presser le mélange uniformément sur le fond d'un récipient plat et peu profond (boîte alimentaire en plastique carrée ou rectangulaire), puis le laisser refroidir toute la nuit au réfrigérateur. Le matin, coupez la pâte en rectangles ou en carrés.

Les boules ou barres se conservent dans une boîte hermétique au réfrigérateur pendant environ un mois. Vous pouvez également les congeler jusqu'à 3 mois. Elles se décongèlent très rapidement et peuvent donc être consommées presque directement à la sortie du congélateur.

Pain perdu aux noix et à la crème

Un début de journée festif et gourmand. Cette recette a tout d'un petit déjeuner d'anniversaire, mais elle est aussi parfaite pour utiliser les restes de pain. Un bel exemple de luxe et d'économie qui se marient parfaitement. Vous pouvez utiliser du sirop d'érable ou du miel pour une version plus traditionnelle si vous ne trouvez pas de fleurs de sureau en saison.

Pour 4 personnes (2 tranches par personne)

100 ml de lait ou de boisson végétale
5 œufs
une pincée de cannelle moulue
1 cuil. à café de sucre en poudre
1 cuil. à café d'extrait de vanille (facultatif)
8 tranches de pain (brioche traditionnelle, mais n'importe quel pain de votre choix peut faire l'affaire)
1 à 2 cuil. à soupe de beurre, pour la friture

Pour servir
75 g de noix, grossièrement hachées
3 cuil. à soupe de cordial de fleurs de sureau (voir page 148) ou un sucrant de votre choix, comme le miel ou le sirop d'érable
4 cuil. de crème épaisse entière, de crème fraîche ou de crème de coco

Faites griller les noix (pour le service) dans une grande poêle antiadhésive sèche à feu moyen pendant 1 à 2 min, puis versez-les sur une assiette et réservez-les. Conservez la poêle pour faire frire les toasts.

Ensuite, mélangez le lait, les œufs, la cannelle, le sucre et la vanille dans un saladier.

Percez légèrement le dessus des tranches de pain à l'aide d'une fourchette. Cela permet à l'œuf de pénétrer encore plus dans le pain. Trempez chaque tranche de pain dans le mélange d'œufs pendant 10 s environ de chaque côté, jusqu'à ce que chaque morceau ait absorbé une partie de l'œuf.

Faites fondre un peu de beurre dans votre poêle à frire jusqu'à ce qu'il mousse et faites frire le pain à l'œuf (deux tranches à la fois) à feu moyen pendant 1 à 3 min de chaque côté, jusqu'à ce qu'il prenne une belle couleur brun doré et qu'il soit ferme. Cela signifie que l'œuf est cuit. Déposez-le dans une assiette et gardez-le au chaud (ou servez chaque lot au fur et à mesure qu'il est prêt). Répétez l'opération jusqu'à ce que toutes les tranches soient cuites.

Dressez les tranches dans les assiettes et arrosez-les du cordial de fleurs de sureau (si vous l'utilisez) ou du sucrant de votre choix, parsemez de noix grillées, puis ajoutez la crème de votre choix en déposant une jolie cuillerée sur chaque portion. Dégustez.

Flocons d'avoine de la veille

Ce petit déjeuner simple et facile à préparer est semblable au *Birchermüesli*, qui se compose de pommes râpées, de flocons d'avoine et de lait mélangés et mis à tremper toute une nuit. Nous avons expérimenté plusieurs versions et nous avons découvert que les mûres séchées sont un ingrédient gagnant. Ces fruits secs de forme parfaite absorbent idéalement le lait et sont également pleins de vitamine C. Le yaourt, si vous en avez, ajoute une texture soyeuse.

Pour 2 pots de confiture

150 g de flocons d'avoine
3 cuil. à soupe d'amandes crues ou d'autres noix crues, entières ou grossièrement hachées
3 cuil. à soupe de mûres séchées ou, à défaut, de dattes ou de raisins secs dénoyautés et hachés
300 ml de lait ou de boisson végétale
2 cuil. à soupe de yaourt nature (végétal ou laitier, facultatif)
1 cuil. à soupe de sirop de dattes ou autre sucrant (facultatif)

Avant de vous coucher, préparez la recette en répartissant les ingrédients de manière égale dans deux pots de confiture propres, puis fermez les couvercles hermétiquement et secouez bien.

Réfrigérez toute la nuit et dégustez au petit déjeuner le lendemain matin.

Si vous préférez que votre préparation soit légèrement plus liquide, ajustez le mélange à votre goût en ajoutant un filet de lait supplémentaire juste avant de servir (n'oubliez pas de faire ce même ajustement au départ, la prochaine fois que vous ferez cette recette).

Huevos « Van » cheros

Les huevos rancheros (comme on appelle au Mexique et dans le sud-ouest des États-Unis les œufs à la sauce ranch) ont été l'un des premiers plats que Hailee m'a préparés et je les adore depuis. Voici notre méthode pour la route, en utilisant des œufs brouillés au lieu d'œufs au plat. Le *pico de gallo* (voir page 50) est facultatif ; la salsa du commerce fera tout aussi bien l'affaire. N'oubliez pas la sauce piquante.

Pour 4 personnes

200 g de riz cru (n'importe quel type)

Pour les haricots

½ oignon rouge, haché
4 gousses d'ail, émincées
1 cuil. à soupe d'huile d'olive
½ petit bouquet de coriandre, tiges finement émincées, feuilles conservées pour la garniture
1 tomate, coupée en morceaux
2 cuil. à soupe de cumin moulu
2 boîtes de 400 g de haricots noirs, égouttés et rincés
sel et poivre noir fraîchement moulu

Pour le reste

4 grandes tortillas de maïs (1 par personne)
1 noix de beurre
8 œufs, battus à la fourchette avec un peu de sel
200 g de cheddar mature, râpé
pico de gallo *(voir page 50) ou salsa du commerce, selon le goût*
1 citron vert, coupé en quartiers
sauce Tabasco ou sauce piquante similaire, selon le goût
4 cuil. de crème fraîche ou de yaourt à la grecque (facultatif)

La première étape consiste à préparer le riz – voir page 12. Une fois cuit, gardez-le au chaud dans la casserole.

Pendant que votre riz mijote, sortez une seconde casserole pour les haricots. Faites cuire l'oignon et l'ail avec une pincée de sel dans l'huile d'olive à feu moyen jusqu'à ce qu'ils deviennent translucides, environ 5 min.

Ajoutez les tiges de coriandre et la tomate. Laissez cuire encore 1 min, puis ajoutez le cumin et un filet d'eau, et continuez à remuer pendant environ 5 min.

Ajoutez les haricots noirs, puis environ une boîte d'eau pour les couvrir. Portez à ébullition, puis laissez mijoter à feu moyen pendant 20 min jusqu'à ce que la sauce soit réduite et épaissie, en remuant de temps en temps. Pour finir, écrasez un peu les haricots avec une fourchette et assaisonnez avec du sel et du poivre. Laissez réduire encore un peu si la sauce est trop liquide.

Suite de la recette p. 30

Préparez le reste des ingrédients pendant que les haricots cuisent et que le riz repose.

Prenez une grande poêle à frire sèche et antiadhésive et placez-la sur le feu jusqu'à ce qu'elle soit chaude. Faites cuire vos tortillas, une par une, à feu vif, pendant environ 30 s de chaque côté, en les retournant une fois. Transférez-les dans une assiette et couvrez-les d'un torchon propre pour les garder au chaud. Répétez l'opération jusqu'à ce qu'elles soient toutes cuites.

Enfin, préparez vos œufs brouillés. Dans la poêle à tortillas, ajoutez une noix de beurre et vos œufs. Laissez cuire à feu doux, en remuant avec une spatule, jusqu'à ce que l'œuf forme de gros plis mais soit encore un peu liquide. Éteignez le feu pour terminer la cuisson et réservez au chaud.

Il est temps d'assembler. Placez chaque tortilla à plat sur une assiette et recouvrez-la de riz, de haricots et d'un peu d'œufs brouillés. Saupoudrez de fromage râpé, puis recouvrez de salsa. Garnissez chaque portion d'un quartier de citron vert, de feuilles de coriandre et d'un peu de sauce piquante. Ajoutez une cuillerée de crème fraîche ou de yaourt sur le côté.

Menemen : œufs à la turque

Le *menemen* est un plat bien connu du petit déjeuner turc. Je l'achetais toujours dans l'un de mes endroits favoris de Stoke Newington, au nord de Londres, appelé Cafe Z Bar. Ce quartier compte une importante communauté turque et, par conséquent, des restaurants incroyables. Ce plat était toujours consistant et constituait le parfait remède contre la gueule de bois : une assiette délicieuse d'œufs épicés avec des tomates et du pain moelleux, que l'on pouvait manger à la cuillère.
Le Cafe Z servait même de la bière à la pression, ce qui était parfois nécessaire.

Pour 2 personnes

1 oignon rouge, finement émincé
2 gousses d'ail, grossièrement hachées
1 piment rouge frais, grossièrement haché, ou 1 cuil. à café de flocons de piment, plus un supplément (facultatif) pour servir
2 cuil. à soupe d'huile d'olive
1 petit poivron vert, épépiné et coupé en lamelles
1 petit poivron rouge, épépiné et coupé en lamelles
2 cuil. à soupe de paprika fumé (facultatif)
1 boîte de 400 g de tomates ou 400 g de tomates fraîches hachées
4 à 6 œufs
5 brins de persil, effeuillés et hachés grossièrement
sel et poivre noir fraîchement moulu

Pour servir
huile d'olive, pour arroser
2 à 4 pains pita ou tranches de pain blanc moelleux (1-2 par personne)

Dans une grande poêle antiadhésive, faites revenir l'oignon, l'ail et le piment ou les flocons de piment dans l'huile d'olive avec une grosse pincée de sel à feu moyen pendant 5 min, en remuant de temps en temps. Ajoutez les poivrons et une autre pincée de sel, et faites cuire pendant 7 min supplémentaires.

Ajoutez le paprika fumé (si vous l'utilisez) et mélangez le tout, puis ajoutez les tomates. Rincez l'intérieur de la boîte de tomates vide avec 100 ml d'eau environ, puis versez-la dans la casserole. Portez à ébullition, puis laissez mijoter et réduire pendant 10 min, en remuant de temps en temps.

Vous pouvez préparer ce mélange plusieurs jours à l'avance. Il suffit de le laisser refroidir et de le conserver dans un récipient hermétique au réfrigérateur pendant 2 à 3 jours, puis de le terminer plus tard en passant à l'étape suivante et en le réchauffant avant d'ajouter les œufs.

Suite de la recette p. 33

Terminez le plat en fouettant vos œufs dans un bol et en les assaisonnant de sel et de poivre. Faites de la place dans votre poêle en grattant le mélange de poivrons d'un côté, loin du feu, et ajoutez les œufs à brouiller de l'autre côté.

Baissez la température à feu doux et, une fois les œufs presque brouillés, incorporez-les au mélange de poivrons, jusqu'à ce qu'ils soient complètement liés, en ajoutant le persil haché et en rectifiant l'assaisonnement, si nécessaire. Éteignez le feu, en laissant la chaleur résiduelle cuire les œufs un peu plus.

Répartissez le *menemen* dans deux assiettes, ajoutez plus de piment ou flocons de piment, si vous le souhaitez, un filet d'huile d'olive et du pain pita (réchauffé rapidement dans une poêle antiadhésive, si vous le souhaitez) ou du pain moelleux pour éponger la sauce.

Haricots à la harissa sur toast au levain avec œuf poché et feta

Les haricots à la harissa sont notre accompagnement préféré pour le petit déjeuner. La base est essentiellement constituée d'épices harissa cuites avec de l'oignon et de l'ail, lentement mijotées avec des haricots et des tomates en conserve. L'association des haricots épicés en sauce à un œuf poché moelleux, à de la feta piquante, à des graines germées croquantes ou à de la roquette, et à du *dukkah* est délicieuse (et copieuse). À déguster sur des tranches épaisses de pain au levain.

Pour 4 personnes

Pour les haricots à la harissa

3 gousses d'ail, écrasées
1 petit piment rouge frais, épépiné et finement haché
3 cuil. à soupe d'huile d'olive
1 oignon rouge, finement haché
1 cuil. à café de cumin moulu
1 cuil. à soupe de paprika fumé
2 boîtes de 400 g de haricots cannellini, égouttés et rincés
1 boîte de 400 g de tomates
sel et poivre noir fraîchement moulu

Pour servir

1 cuil. à soupe de dukkah *aux graines de citrouille (voir page 131 ; facultatif) ou 1 cuil. à café de sel de mer en flocons et de poivre noir mélangés*
4 œufs
4 tranches épaisses de pain au levain
75 g de feta, émiettée
une grosse poignée de germes de luzerne ou de feuilles de roquette (environ 100 g)
huile d'olive, pour arroser

Pour les haricots à la harissa, dans un faitout, faites suer l'ail et le piment dans l'huile d'olive avec une pincée de sel à feu moyen pendant 1 min. Ajoutez l'oignon et poursuivez la cuisson, en remuant de temps en temps, pendant 10 min.

Ajoutez ensuite le cumin et le paprika, puis les haricots et les tomates égouttés, en versant un peu d'eau dans la boîte de tomates (environ un tiers de la boîte) et en l'ajoutant également à la marmite. Portez à ébullition, puis réduisez le feu, couvrez d'un couvercle ou d'une assiette et laissez mijoter pendant 20 min, en remuant de temps en temps. Assaisonnez de sel et de poivre, et réservez au chaud jusqu'au moment de servir.

Faites bouillir de l'eau dans une autre casserole pour les œufs, en ajoutant un peu de sel et de vinaigre pour les aider à rester assemblés pendant la cuisson. Cassez un œuf dans l'eau légèrement frémissante, et assurez-vous que l'eau frémit à nouveau avant d'ajouter le suivant. Au bout de 3 à 4 min, soulevez chacun de vos œufs à l'aide d'une grande cuillère. Ils sont cuits lorsque le blanc est opaque et que le jaune d'œuf est ferme et bombé. Retirez-les à l'aide d'une écumoire et déposez-les sur une assiette.

Si vous souhaitez que votre pain au levain soit grillé, placez-le dans une grande poêle antiadhésive sèche à feu vif pendant environ 2 min ou jusqu'à ce qu'il soit doré de chaque côté. Répartissez les haricots sur le pain grillé et placez un œuf poché sur chaque portion. Terminez avec de la feta émiettée, des graines germées ou de la roquette, un filet d'huile d'olive et une pincée de *dukkah* (voir page 131), puis assaisonnez selon vos goûts.

Champignons sauvages sur toast

Lorsque je pense à la meilleure façon de cuisiner les champignons, je les imagine toujours préparés de cette façon, surtout si vous les avez trouvés vous-même après une journée de recherche fructueuse. C'est encore plus parfait si vous avez une poêle en fonte à portée de main et un feu chaud. Le beurre à l'ail confère à ce plat un caractère classique et un peu luxueux. Déglacez avec un vinaigre de bonne qualité et servez sur des tranches épaisses de pain grillé pour un brunch extrêmement satisfaisant. Vous pouvez également ajouter un œuf poché sur le dessus, si vous le souhaitez.

Pour 2 personnes

600 g de champignons mélangés (sauvages, si vous avez de la chance), coupés en tranches épaisses de la largeur d'un doigt
40 g ou 2 cuil. à soupe de beurre ou d'huile d'olive
6 gousses d'ail, écrasées au couteau et hachées grossièrement
2 cuil. à soupe de vinaigre de bonne qualité (de préférence du vinaigre de xérès, balsamique, de vin rouge ou de malt vieilli)
2 œufs (facultatif)
2 tranches de pain épaisses au choix
sel et poivre noir fraîchement moulu

Garniture
une poignée de roquette ou de persil haché
parmesan fraîchement râpé, pour saupoudrer (facultatif)

Dans une grande poêle à frire antiadhésive, ajoutez tous les champignons avec une grosse pincée de sel. N'ajoutez rien d'autre, ce n'est pas nécessaire pour l'instant.

Faites cuire à feu moyen-vif pendant 5 min jusqu'à ce qu'un peu de liquide commence à s'échapper des champignons.

Baissez le feu et poussez les champignons sur un côté de la poêle. Ajoutez le beurre, ou l'huile d'olive, et l'ail écrasé. Laissez l'ail cuire pendant 1 min avant de le mélanger aux champignons. Ce n'est pas grave si quelques champignons se glissent dans l'ail pendant la cuisson.

Une fois qu'ils sont cuits et que tous les champignons sont enrobés de beurre, déglacez la poêle chaude avec le vinaigre, éteignez le feu et assaisonnez de sel et de poivre. Réservez dans un plat résistant à la chaleur, couvrez avec un couvercle et gardez au chaud. Essuyez votre poêle.

Pochez ou faites frire les œufs, le cas échéant, selon les recettes des pages 22 et 36, et faites griller le pain (dans une poêle à frire antiadhésive à feu vif si vous n'avez pas de grille-pain).

Pour servir, répartissez les champignons sur les toasts avec tout le jus de cuisson. Garnissez avec les œufs ou laissez nature. Décorez avec un peu de roquette, ou de persil haché, et un peu de parmesan, si vous le souhaitez.

DÉJEUNERS *et* COLLATIONS

Soupe de tomates avec cheddar et sandwich aux pickles

Qui n'aime pas la soupe de tomates avec un sandwich au fromage ? La soupe présentée ici est essentiellement une recette de sauce tomate classique, faite maison, que vous pourriez utiliser pour un plat de pâtes (il suffit de réduire la quantité de bouillon/eau pour obtenir une sauce tomate de type *ragù*). L'un de mes sandwichs préférés ? Fromage et pickle Branston (un condiment à base de carotte, rutabaga, oignon et chou-fleur marinés), mais vous pouvez utiliser n'importe quels chutneys ou *relish* pour obtenir une combinaison gagnante. L'onctuosité du fromage se mêle au piquant de la tomate pour offrir un déjeuner réconfortant et satisfaisant à tous les coups.

Pour 4 personnes

Pour la soupe de tomates

3 cuil. à soupe d'huile d'olive
5 gousses d'ail, écrasées
4 branches de thym, effeuillées
1 oignon rouge ou brun, haché
2 branches de céleri, hachées
1 carotte, lavée et râpée ou coupée en dés
2 boîtes de 400 g de tomates
500 ml de bouillon de légumes ou d'eau
une poignée de feuilles de basilic frais, déchirées ou hachées (facultatif)
sel et poivre noir fraîchement moulu

Pour les sandwichs

4 cuil. à soupe de beurre, ramolli
8 tranches de pain (n'importe quel pain fait l'affaire ; le pain au levain est notre préféré)
environ 8 tranches épaisses de cheddar extra-mature
environ 8 cuil. à soupe de pickle Branston (le kimchi *ou la* relish *de votre choix sont également de bonnes alternatives)*

Pour réaliser la soupe, il suffit de verser l'huile d'olive dans un faitout à feu moyen, d'ajouter l'ail et les feuilles de thym avec une grosse pincée de sel et de faire cuire pendant 1 min. Ajoutez ensuite l'oignon et faites cuire 2 min de plus. Ajoutez le céleri et la carotte et faites cuire pendant 10 min supplémentaires, jusqu'à ce qu'ils deviennent tendres, en remuant de temps en temps.

Ajoutez les tomates et le bouillon de légumes, ou l'eau, et portez à ébullition, puis couvrez avec un couvercle ou une assiette et réduisez le feu pour faire mijoter pendant 20 à 30 min, en remuant de temps en temps. Ajoutez le basilic, si vous en utilisez, et assaisonnez généreusement de sel et de poivre.

Si vous souhaitez préparer une sauce pour les pâtes, réduisez la quantité de bouillon de légumes ou d'eau à 100 ml et procédez comme indiqué ci-dessus.

Pendant ce temps, préparez vos sandwichs. Beurrez les 8 tranches de pain d'un côté. Placez 4 tranches de pain, côté beurre vers le haut, sur une planche à découper. Recouvrez-les de tranches de fromage, puis étalez un peu de pickle. Recouvrez avec les tranches de pain restantes, côté beurre vers le bas, pour obtenir 4 sandwichs. Coupez chaque sandwich en deux pour le servir.

Versez la soupe de tomates dans des bols et servez les sandwichs à côté, les deux en parfaite harmonie.

Minestrone de légumes d'hiver

Une soupe italienne consistante et idéale pour utiliser les restes de pâtes, de riz ou de nouilles. Les pois chiches sont le mieux selon nous, mais d'autres variétés de haricots en conserve ou de légumes secs conviennent également. Commencez par la base du *soffritto* (oignon, céleri, carotte) et augmentez la saveur au fur et à mesure – l'astuce consiste à fusionner les ingrédients comme indiqué ci-dessous. Notre pesto à l'ail sauvage (voir page 144) fonctionne vraiment très bien par-dessus.

Pour 4 personnes

Pour le* soffritto *(base de la soupe)

3 cuil. à soupe d'huile d'olive
2 gousses d'ail, écrasées
1 oignon, haché
2 branches de céleri, hachées
2 carottes, lavées et râpées ou coupées en dés
une pincée de sel

Pour le reste

200 g de légumes verts d'hiver, comme le chou palmier, la bette à carde ou le chou frisé, feuilles effeuillées et finement hachées, tiges finement hachées séparément
1 boîte de 400 g de tomates
800 ml d'eau ou de bouillon de légumes (fait maison ou tout aussi bien en cube)
1 boîte de 400 g de pois chiches ou d'autres haricots
sel et poivre noir fraîchement moulu

Pour terminer et servir

pain croustillant
50 g de parmesan fraîchement râpé (facultatif)
huile d'olive ou pesto

Pour réaliser le *soffritto*, placez un faitout sur feu moyen-vif avec l'huile d'olive et l'ail. Faites cuire pendant 1 min, puis ajoutez le reste des légumes préparés pour le *soffritto* et la pincée de sel.

Réduisez le feu à moyen et faites cuire jusqu'à ce que tout soit très fondant, environ 20 à 30 min, en remuant de temps en temps. Pendant la cuisson, si le faitout commence à accrocher, ajoutez un peu d'eau pour détendre l'ensemble et poursuivez la cuisson – c'est ce que nous appelons notre technique de « fusion ».

Ajoutez les tiges de légumes verts d'hiver dans le faitout et faites cuire pendant 5 min. Ajoutez ensuite les tomates, puis remplissez deux fois la boîte de conserve vide avec de l'eau (pour obtenir la bonne quantité d'eau) et ajoutez-la ou le bouillon de légumes. Versez les pois chiches ou autres haricots en conserve, y compris leur liquide, et portez à nouveau à ébullition, puis couvrez avec un couvercle et faites cuire pendant 20 min supplémentaires.

Ajoutez les feuilles de légumes d'hiver, remuez et faites cuire encore 1 ou 2 min. Assaisonnez de sel et de poivre.

Versez à la louche dans des bols et servez avec un bon pain croustillant. Saupoudrez de parmesan, si vous en avez, et ajoutez de l'huile d'olive de bonne qualité ou du pesto sur le dessus (essayez notre pesto à l'ail sauvage de la page 144).

Bouillon écossais de papa

C'est l'un des plats préférés de mon père. Il mange de la soupe tous les jours au déjeuner et celle-ci fait mouche, surtout pendant les mois d'hiver écossais. Elle nourrit et rassasie tout en utilisant des légumes et des ingrédients de base. Elle est idéale pour les journées froides après avoir travaillé de ses mains.

Pour 4 à 6 personnes

Pour la soupe

2 gros poireaux, lavés et coupés en tronçons épais
huile neutre ou huile d'olive, pour la friture
5 pommes de terre moyennes, épluchées et coupées en gros morceaux
3 carottes, lavées et coupées en morceaux
1 cuil. à café de poivre blanc ou noir fraîchement moulu, plus un supplément pour assaisonner
1 cuil. à café d'herbes mélangées séchées
2 cubes de bouillon de légumes
50 g d'orge perlé
75 g de pois cassés jaunes séchés, rincés et égouttés
100 g de lentilles rouges séchées, rincées et égouttées
2 feuilles de laurier (si vous vous sentez créatif)
sel

Pour servir

1 pain blanc croustillant, du beurre et du cheddar mature en tranches (facultatif)

Dans un faitout, ajoutez les poireaux avec un peu d'huile neutre ou d'huile d'olive et faites-les suer à feu moyen jusqu'à ce qu'ils ramollissent, environ 5 à 7 min.

Ajoutez les pommes de terre et les carottes, mélangez. Ajoutez le poivre moulu, une bonne pincée de sel et les herbes séchées.

Émiettez les cubes de bouillon (ou utilisez votre propre bouillon de légumes maison) et mélangez avec suffisamment d'eau pour couvrir tous les légumes dans le faitout, plus quelques centimètres (environ 2 litres). Incorporez tous les légumes secs et les feuilles de laurier (le cas échéant).

Placez un couvercle, portez à ébullition, puis réduisez le feu et laissez mijoter pendant 1 h, jusqu'à ce que les légumes secs et les pommes de terre soient cuits, en remuant de temps en temps. Retirez les feuilles de laurier (si vous en utilisez). Vous ne devriez pas avoir besoin de mixer la soupe, car les lentilles la rendent crémeuse. Assaisonnez en ajoutant du sel et du poivre.

Versez la soupe dans des bols et dégustez-la avec du pain blanc croustillant, avec beaucoup de beurre et du cheddar mature, si vous le souhaitez.

Chaudrée de maïs doux fumé et de légumes-racines

L'une de mes soupes préférées est la chaudrée de haddock fumé. Je l'ai préparée pour le déjeuner d'un client et quelqu'un a demandé une alternative vegan. J'ai imaginé cette version et j'ai été très satisfait du résultat. Il faut découper pas mal de choses en dés, c'est donc un bon moyen de s'entraîner à manier le couteau.

Pour 6 personnes

100 g de pois cassés jaunes séchés
2 cuil. à soupe d'huile d'olive ou de coco
1 oignon, échalote ou poireau, haché
2 gousses d'ail, finement hachées
3 branches de céleri, coupées en petits dés
1 carotte, lavée et râpée ou coupée en petits dés
500 g de pommes de terre, de céleri-rave ou de panais, lavés/épluchés et coupés en cubes
1 cuil. à soupe de paprika fumé
2 boîtes de 400 g de lait de coco
1 épi de maïs, épluché, ou 1 boîte de 340 g de maïs doux, égoutté
1 poivron rouge, épépiné et coupé en petits dés
sel et poivre noir fraîchement moulu

Commencez par placer les lentilles dans un petit bol et couvrez-les d'eau froide, puis préparez tous vos légumes.

Prenez un faitout, mettez-le à chauffer sur feu moyen et ajoutez l'huile d'olive ou de coco, l'oignon, ou l'échalote ou le poireau, et l'ail, avec une pincée de sel, puis faites cuire pendant 1 min.

Ajoutez ensuite le céleri et la carotte et faites revenir pendant 5 min, en baissant le feu si cela commence à accrocher. Ajoutez les pommes de terre ou autres légumes-racines coupés en dés et 100 ml d'eau puis faites cuire pendant 10 min supplémentaires. Ajoutez le paprika fumé et remuez pendant 1 min.

Égouttez et jetez l'eau de trempage des lentilles. Ajoutez les lentilles dans la marmite et complétez avec 500 ml d'eau fraîche, puis augmentez le feu. Lorsque l'eau bout, réduisez le feu, couvrez avec un couvercle et laissez mijoter pendant 15 min. Les lentilles devraient être complètement cuites, mais si ce n'est pas le cas, laissez mijoter 5 min de plus.

Ajoutez ensuite les deux boîtes de lait de coco, les grains de maïs et le poivron rouge, et portez doucement à frémissement. Remettez le couvercle pendant 10 min, en veillant à ne pas laisser bouillir.

Terminez en assaisonnant selon votre goût avec du sel et du poivre. Servez à la louche dans des bols.

Omelette à l'envers

Au lieu d'envelopper les légumes, les herbes et le fromage pour obtenir une omelette plus traditionnelle, tous les ingrédients sont placés sur le dessus de l'omelette, au centre. Le fromage crémeux est parfait pour servir de lit aux herbes aromatiques et créer un joli plat coloré.
Cette omelette est idéale pour l'été ; coupez-la en tranches et servez-la avec des pommes de terre frites ou une simple salade verte.

Pour 4 personnes

100 g de haricots verts, pois écossés ou fèves, ou d'asperges, ou ½ tête de brocoli, coupés en petits morceaux
6 à 8 œufs
3 cuil. à soupe ou 50 ml de lait ou de boisson végétale
1 cuil. à soupe de beurre ou d'huile d'olive, plus de l'huile d'olive supplémentaire pour arroser
100 g de ricotta, de mascarpone ou de yaourt nature épais
1 tomate, coupée en morceaux
3 oignons nouveaux, finement émincés
sel et poivre noir fraîchement moulu
une poignée d'herbes hachées, telles que persil, menthe, coriandre, aneth, cerfeuil, ciboulette (ou un mélange), pour décorer
salade verte simple ou pommes de terre sautées (voir page 13) pour servir (facultatif)

Mettez un faitout d'eau à bouillir avec une pincée de sel. Faites blanchir les légumes verts en les faisant cuire dans l'eau bouillante pendant 1 min. Égouttez-les et laissez-les refroidir.

Fouettez les œufs et le lait dans un bol et assaisonnez d'une pincée de sel.

Faites fondre le beurre ou l'huile d'olive dans une grande poêle antiadhésive à feu vif. Versez le mélange d'œufs et préparez l'omelette en remuant les œufs plusieurs fois dans la poêle, tout en maintenant la température élevée pendant environ 30 s. Réduisez le feu à moyen-doux et répartissez le mélange d'œufs dans toute la poêle pour qu'il cuise doucement par en dessous, pendant environ 2 à 3 min.

Une fois l'omelette un peu dorée sur le dessous et bien cuite sur le dessus, éteignez le feu et faites glisser l'omelette sur une assiette. Vous pouvez retirer l'omelette de la poêle en la déplaçant délicatement vers le bord et en glissant une assiette en dessous. Vous pouvez également utiliser deux grandes assiettes. Utilisez la première pour couvrir toute l'omelette, puis retournez délicatement la poêle. Soulevez la poêle, puis placez la deuxième assiette sur l'omelette retournée. Retournez à nouveau l'assiette pour présenter l'omelette dans le bon sens. Vous pouvez aussi la servir dans la poêle.

Étalez légèrement le fromage ou le yaourt sur l'omelette et répartissez uniformément la tomate, les oignons nouveaux et les légumes verts blanchis sur le dessus. Pour terminer, garnissez avec les herbes, assaisonnez selon votre goût avec du sel et du poivre noir, puis arrosez d'un peu d'huile d'olive. Coupez l'omelette en portions et servez-la seule, avec une simple salade verte ou des pommes de terre sautées (voir page 13), si vous le souhaitez.

Roulé de maquereau fumé avec brocoli et graines grillées

Mon oncle Tim, ou Tim « le Grybyn » comme on l'appelle dans le centre du Pays de Galles, a eu une période où il préparait tous les jours des wraps au maquereau pour le déjeuner, avec des ingrédients achetés au supermarché Morrisons situé à côté de son bureau. Nous y avons ajouté quelques fioritures. Nous consommons également ce mélange de maquereaux dans des assiettes de salade, sur des toasts ou avec des pommes de terre au four.

Pour 2 grands wraps

½ tête de brocoli, lavée avec le cœur intact, coupée dans le sens de la longueur en lamelles de 1 cm
2 cuil. à soupe de graines de courge ou de graines de tournesol (ou les deux)
2 filets de maquereau fumé ou autre poisson fumé, sans peau et désarêté
4 oignons nouveaux, finement hachés (l'oignon rouge ou blanc convient également)
le zeste râpé et le jus de ½ citron
4 cuil. à soupe de mayonnaise ou de yaourt à la grecque (laitier ou végétal)
2 tortillas de blé
une poignée de roquette ou de jeunes pousses d'épinards, rincés
sel et poivre noir fraîchement moulu

Tout d'abord, préparez votre brocoli en faisant frire les lamelles avec une pincée de sel dans une grande poêle antiadhésive sèche, à feu vif, jusqu'à ce qu'elles soient légèrement carbonisées, en les retournant de temps en temps, soit environ 2 min 30 s de chaque côté. Transférez-les dans un bol une fois la cuisson terminée.

Dans la même poêle, faites griller les graines à feu doux jusqu'à ce qu'elles commencent à éclater, environ 1 à 2 min. Réservez dans le même bol.

Pour préparer le mélange de maquereau, émiettez le maquereau dans un bol, puis ajoutez les oignons nouveaux. Ajoutez le zeste et le jus de citron puis la mayonnaise ou le yaourt. Salez et poivrez généreusement, puis mélangez le tout à l'aide d'une cuillère.

Ensuite, faites griller les tortillas, une par une, dans la même poêle à feu vif, des deux côtés, jusqu'à ce qu'elles ramollissent. Ne les laissez pas devenir croustillantes, sinon elles seront difficiles à rouler.

Assemblez les wraps en commençant par étaler le mélange de maquereau sur chacun d'eux. Déposez la roquette ou les pousses d'épinards, puis le brocoli grillé ainsi que les graines. Roulez et dégustez.

César de chou kale

Nous avons adapté cette recette en utilisant des légumes verts d'hiver, tels que le chou kale, le Cavolo Nero ou la bette à carde arc-en-ciel. Vous pouvez remplacer le maquereau par du tofu fumé et utiliser des paillettes de levure à la place du fromage dans la vinaigrette, si vous préférez une alternative à base de plantes. Utilisez de la mayonnaise du commerce (laitière ou végétale) pour la vinaigrette ou, mieux encore, préparez-la vous-même à l'aide de la recette de la page 129. Ce plat est idéal comme salade d'accompagnement ou comme repas léger lors d'une chaude journée.

Pour 2 personnes en tant que plat principal léger ou pour 4 personnes comme accompagnement ou entrée

Pour la salade

1 à 3 cuil. à soupe d'huile d'olive
2 gousses d'ail, écrasées
1 brin de thym, effeuillé (facultatif)
2 tranches de pain (au levain de préférence), coupées en cubes
3 cuil. à soupe de noix, grossièrement hachées
1 paquet de 200 g de tofu fumé, égoutté et tranché, ou 2 grands filets de maquereau fumé, sans peau et émiettés en gros morceaux
200 g de chou kale, de Cavolo Nero ou de bettes à carde arc-en-ciel, lavés, les feuilles coupées en petits morceaux et les tiges finement émincées
sel

Pour la vinaigrette

2 cuil. à soupe de mayonnaise (laitière ou végétale)
le zeste râpé et le jus de 1 citron
2 cuil. à soupe d'huile d'olive
1 petite gousse d'ail, écrasée
2 cuil. à soupe de parmesan fraîchement râpé ou 1 cuil. à soupe de paillettes de levure (facultatif)

Pour la salade, faites chauffer une grande poêle antiadhésive à feu moyen et versez-y 1 cuil. à soupe d'huile d'olive, puis ajoutez l'ail et les feuilles de thym et faites-les cuire pendant 10 s. Ajoutez les cubes de pain et faites-les frire dans l'huile pendant 5 à 7 min jusqu'à ce qu'ils soient dorés, en les déplaçant de temps en temps et en ajoutant les noix pendant les 2 dernières minutes de cuisson. Réservez dans un bol.

Si vous utilisez du tofu fumé, gardez votre poêle chaude. Ajoutez 2 cuil. à soupe d'huile d'olive dans la poêle et faites chauffer, puis ajoutez les tranches de tofu et faites-les frire à feu moyen pendant 1 à 2 min de chaque côté, jusqu'à ce qu'elles soient légèrement dorées et un peu croustillantes. Déposez-les dans une assiette et laissez-les refroidir, puis coupez-les en cubes.

Mettez le chou kale ou les autres feuilles dans un grand saladier ou un bol de service et assaisonnez d'une pincée de sel.

Pour la vinaigrette, mélangez la mayonnaise avec le zeste et le jus de citron, l'huile d'olive, l'ail, une pincée de sel et le parmesan ou la levure (le cas échéant) dans un petit bol.

Ajoutez la vinaigrette aux feuilles et mélangez bien. Incorporez les morceaux de maquereau émietté ou votre tofu fumé, les croûtons et les noix, puis servez.

Quesadillas aux haricots sautés avec pico de gallo

Le top de la cuisine tex-mex. Les haricots frits sont un ajout riche et terreux à une *quesadilla* au fromage. Nous expliquons une méthode pour les haricots sautés, mais la recette fonctionne tout aussi bien avec des haricots cuisinés en conserve. Préparer vos haricots sautés vous-même ne nécessite pas de talent particulier, un peu de patience suffit. On parle ici d'un plat réconfortant par excellence, à accompagner d'une *michelada* fraîche (voir page 127) et à savourer après une longue marche ou en guise d'en-cas avant le dîner.

Pour 2 quesadillas

1 cuil. à soupe d'huile d'olive
½ petit oignon, haché
2 gousses d'ail, hachées
une pincée de sel
1 cuil. à café de cumin moulu
1 boîte de 400 g de haricots ou de légumes secs de votre choix (on utilise traditionnellement les haricots pinto)
4 grandes tortillas de blé
200 g de cheddar mature, râpé

***Pour le* pico de gallo**
3 tomates mûres, finement hachées
½ oignon rouge ou blanc, finement haché
1 gousse d'ail, réduite en purée avec un peu de sel
1 piment frais (de n'importe quelle variété), finement haché
quelques brins de coriandre, finement hachés (facultatif)
une pincée de sel
le zeste râpé et le jus de 1 citron vert
2 cuil. à soupe d'huile d'olive

Si vous préparez vos haricots sautés, faites chauffer l'huile d'olive dans une sauteuse à feu moyen, puis faites revenir l'oignon et l'ail avec une pincée de sel pendant 5 à 10 min jusqu'à ce qu'ils soient tendres et translucides, en remuant de temps en temps. Ajoutez le cumin moulu et laissez cuire encore 1 min environ. Ajoutez les haricots avec leur liquide et laissez mijoter, en remuant de temps en temps, jusqu'à ce que le liquide soit réduit et épais, soit environ 15 à 20 min. Écrasez les haricots autant que possible dans la sauteuse à l'aide d'une fourchette jusqu'à l'obtention d'une pâte épaisse. Retirez du feu et laissez refroidir un peu.

Si vous utilisez des haricots cuisinés, ouvrez la boîte et remuez bien le contenu.

Préparez votre *pico de gallo*. Dans un petit bol, mélangez les tomates, l'oignon, l'ail, le piment, la coriandre (si vous en utilisez) et une pincée de sel, puis incorporez le zeste et le jus de citron vert ainsi que l'huile d'olive. Réservez.

Pour préparer les *quesadillas*, posez la première tortilla sur une planche à découper et étalez la moitié de la pâte de haricots dessus, puis recouvrez généreusement avec la moitié du fromage râpé et posez une autre tortilla par-dessus. Répétez l'opération pour la seconde *quesadilla*.

En utilisant idéalement une poêle à fond épais ou en fonte (ou antiadhésive), faites cuire vos *quesadillas*, une à la fois, à feu moyen, jusqu'à ce qu'elles soient dorées et un peu croustillantes d'un côté, environ 5 à 10 min. Retournez-les

délicatement pour faire cuire l'autre côté. Une fois que le fromage a complètement fondu, environ 5 à 7 min, retirez la poêle du feu, laissez reposer pendant environ 1 min, puis retirez les *quesadillas* et coupez-les en tranches. Faites cuire et servez la seconde *quesadilla* de la même manière. Dégustez avec le *pico de gallo* en guise de *dip*.

Toastie au fromage et au kimchi

Le chou fermenté salé et épicé et le cheddar mature se marient à merveille pour créer une bombe de saveur umami. Conseil du chef : faites griller plus longtemps le côté fromage de votre *toastie* fourré, car chauffer le *kimchi* au-delà de 46 °C peut tuer les bactéries probiotiques. Réaliser son propre *kimchi* est vraiment gratifiant, rentable et réalisable en quelques jours par temps chaud. Si vous préférez, utilisez la méthode ci-dessous sans *kimchi* pour un *toastie* au fromage ordinaire.

Pour 2 toasties

3 cuil. à soupe (environ 50 g) de beurre, ramolli
4 tranches de pain de votre choix (nous préférons le pain au levain)
200 g de cheddar mature, râpé
5 cuil. à soupe (environ 75 g) de kimchi
chips de pommes de terre et/ou cornichons, pour servir

Étalez le beurre sur un côté de chaque tranche de pain, puis retournez deux tranches, côté beurre vers le bas (vous voulez que les côtés beurrés soient à l'extérieur de vos sandwichs). Recouvrez le pain de fromage râpé et de *kimchi*, en les répartissant uniformément entre les deux tranches, puis placez les deux tranches de pain restantes sur le dessus, côté beurre vers le haut.

Placez votre grande poêle à frire antiadhésive sur un feu moyen (si vous avez une poêle à fond épais ou en fonte, c'est idéal pour les *toasties*) et ajoutez votre *toastie*, côté fromage en premier (si vous pouvez faire tenir les deux sandwichs dans votre poêle, c'est encore mieux).

Faites cuire doucement à feu moyen-doux jusqu'à ce que le pain soit croustillant et doré, et que le fromage ait fondu, environ 5 à 10 min (les temps de cuisson dépendent du type de pain et de la poêle que vous utilisez). Retournez le pain et faites-le croustiller rapidement du côté du *kimchi*, pendant 3 à 5 min. Déposez le premier *toastie* sur une assiette et répétez l'opération avec le second sandwich, si nécessaire.

Coupez chaque sandwich en deux, puis servez-le avec des chips, des cornichons ou les deux, et une bière bien fraîche.

Soupe de tortilla aux haricots noirs épicés

Voici notre version de la « soupe de tortilla », un plat profondément réconfortant aux multiples facettes. Traditionnellement, la *sopa de tortilla* vient de Mexico et utilise du bouillon de poulet, mais la mienne est épicée et à base de tomates, avec beaucoup de riche bouillon de légumes, de haricots noirs et de légumes. Cela peut sembler inhabituel au premier abord, mais le mélange de saveurs et de textures fera de ce plat un favori pour les journées cosy. Ne vous inquiétez pas si vous n'avez pas toutes les garnitures – les éléments essentiels à nos yeux sont la coriandre, le yaourt, les piments et, bien sûr, les tortillas croustillantes.

Pour 4 personnes

Pour la base

1 oignon rouge, haché
4 gousses d'ail, hachées
2 branches de céleri, hachées
2 piments frais, rouges ou verts, finement hachés (laisser les graines, selon vos préférences), ou 1 cuil. à café de piment de Cayenne
½ petit bouquet de coriandre, les tiges finement hachées et les feuilles conservées pour la garniture
2 cuil. à soupe d'huile d'olive
1 cuil. à soupe de cumin moulu
1 cuil. à café de paprika fumé
1 boîte de 400 g de tomates
2 boîtes de 400 g de haricots noirs
2 cubes de bouillon de légumes ou 2 cuil. à café de bouillon de légumes en poudre (facultatif)
1 épi de maïs, épluché, ou 1 boîte de 340 g de maïs doux, égoutté
sel et poivre noir fraîchement moulu

Pour les garnitures

1 sachet (environ 200 g) de chips tortilla salées, ou 4 tortillas de maïs ou de blé, coupées en lanières

Pour la base, dans une grande marmite, faites suer l'oignon, l'ail, le céleri, les piments et les tiges de coriandre dans l'huile d'olive avec une pincée de sel, à feu moyen, jusqu'à ce qu'ils soient tendres, soit environ 10 min.

Ajoutez les épices (y compris le piment de Cayenne, s'il est utilisé à la place des piments frais) et faites cuire pendant 1 min de plus. Ajoutez les tomates et laissez mijoter pendant 2 min supplémentaires.

Ajoutez les haricots noirs (y compris leur liquide), 400 ml d'eau, en la faisant tourner au préalable dans la boîte de tomates, et les cubes ou la poudre de bouillon (si vous en utilisez). Portez à ébullition à feu vif, puis réduisez à un mijotage, couvrez et laissez cuire pendant 20 min, en remuant de temps en temps.

Pendant que la soupe mijote, préparez vos garnitures. Si vous utilisez des tortillas au lieu de chips, faites-les frire par lots. Pour ce faire, faites chauffer un peu d'huile d'olive (environ 1 cuil. à soupe par lot) dans une grande poêle à frire antiadhésive à feu vif, ajoutez un lot de lanières de tortillas et faites-les frire pendant 1 à 2 min, jusqu'à ce qu'elles soient dorées et un peu croustillantes. Déposez-les sur une assiette tapissée de papier absorbant et laissez-les de côté pour les égoutter pendant que vous faites cuire le reste par lots.

Ajoutez le maïs à la soupe et faites cuire pendant 5 min si vous utilisez des grains frais ou à la dernière minute si vous

huile d'olive, pour la friture (facultatif)
100 g de cheddar mature (ou fromage vegan), râpé
1 avocat mûr, pelé, dénoyauté et coupé en dés (facultatif)
4 cuil. à soupe de yaourt nature ou de crème fraîche (laitière ou végétale)
1 citron vert, coupé en 4 quartiers
1 piment rouge ou vert frais, finement tranché (facultatif)

utilisez des grains en conserve. Assaisonnez la soupe avec du sel et du poivre, puis répartissez-la dans des bols à l'aide d'une louche.

Pour finir, répartissez vos chips de tortilla ou vos lanières frites sur le dessus de la soupe, puis ajoutez du cheddar râpé, de l'avocat (si vous en utilisez), des feuilles de coriandre (hachées grossièrement, si vous le souhaitez) et une cuillerée de yaourt ou de crème fraîche. Terminez par un filet de citron vert et un peu de piment si vous l'aimez plus épicée.

Dhal tarka

Nous ne pouvons imaginer un plat plus satisfaisant, plus polyvalent et plus économique. Le *tarka* désigne ici les épices frites et incorporées au plat final, et le dhal désigne les lentilles cuites. Nous le mangeons souvent au dîner avec une pomme de terre au four, au petit déjeuner sur des toasts à la place des haricots, avec un œuf poché, ou au déjeuner avec des légumes verts. Ce plat semble comporter beaucoup d'étapes, mais une fois que l'on a pris le coup de main, il est très facile à préparer et ne nécessite pas beaucoup de vaisselle.

Pour 6 à 8 personnes

Pour le dhal

500 g de lentilles rouges séchées
2 cuil. à soupe d'huile de coco ou d'huile d'olive
2 oignons rouges ou bruns, finement hachés
5 gousses d'ail, hachées
1 morceau de gingembre frais de la taille d'un pouce, pelé et râpé ou haché
2 cuil. à café de cumin moulu
2 cuil. à café de curcuma moulu
2 cuil. à café de coriandre moulue
2 cuil. à café de flocons de piment, ou 2 piments rouges ou verts frais, hachés
1 boîte de 400 g de tomates ou 400 g de tomates fraîches, hachées
1,25 l de bouillon de légumes ou d'eau (voir le conseil du chef)
sel
pain pita ou pain naan, pour servir

***Pour le* tarka**

2 cuil. à soupe d'huile de coco ou d'huile d'olive
2 cuil. à café de graines de cumin
2 cuil. à café de graines de coriandre
1 cuil. à soupe de feuilles de curry fraîches ou séchées (facultatif)

Commencez par préparer le dhal. Placez les lentilles dans un récipient et couvrez-les d'eau froide.

Ensuite, placez un faitout sur feu moyen avec l'huile de coco ou l'huile d'olive. Faites revenir les oignons pendant 5 min, puis ajoutez l'ail et le gingembre avec une pincée de sel et faites cuire pendant 5 min supplémentaires.

Ajoutez les épices moulues et les flocons de piment (ou les piments) et faites cuire pendant 1 min supplémentaire en remuant. Égouttez les lentilles trempées et versez-les dans la marmite avec les tomates et le bouillon de légumes ou l'eau. Portez à ébullition, puis réduisez à un léger frémissement, couvrez et laissez cuire pendant 45 à 60 min, en remuant de temps en temps, jusqu'à ce que les lentilles soient très tendres et aient une belle consistance.

Pendant ce temps, pour préparer le *tarka*, faites chauffer une poêle à frire antiadhésive à feu vif. Ajoutez l'huile de coco ou d'olive, les graines d'épices et les feuilles de curry (si vous en utilisez) et mélangez pendant 30 s, jusqu'à ce que les graines soient parfumées et éclatent (mais veillez à ce qu'elles ne brûlent pas !). Si vous préférez, vous pouvez omettre cette étape et vous obtiendrez toujours un délicieux dhal.

Faites chauffer le pain pita ou le naan (un ou deux à la fois) dans une grande poêle à frire sèche et antiadhésive à feu moyen-élevé pendant 1 à 2 min, jusqu'à ce qu'ils soient complètement réchauffés.

Versez le *tarka* (le cas échéant) dans le dhal et mélangez. Assaisonnez bien le plat fini avec du sel selon votre goût. Servez avec des pains pita ou des pains naan chauds.

Conseil du chef *Pour un dhal plus crémeux, remplacez 400 ml du bouillon de légumes/de l'eau par 1 boîte de 400 ml de lait de coco, et ajoutez le lait de coco au bouillon/à l'eau comme indiqué ci-dessus.*

Vous pouvez également ajouter des feuilles d'épinards ou des légumes-feuilles râpés, ou même une boîte de 400 g de pois chiches ou de légumes secs (égouttés) mélangés à la fin, si vous le souhaitez.

Rouleaux de printemps et sauce satay aux cacahuètes

J'ai appris à faire des rouleaux de printemps grâce à la mère de mon amie, Mai Lan, qui créait les plus merveilleux plats vietnamiens dans sa cuisine de l'île d'Orcas. Vous pouvez acheter les feuilles de riz dans n'importe quel supermarché asiatique ou en ligne, et une fois que vous avez compris le principe de la préparation, ces rouleaux sont super simples et amusants à confectionner.
Ils se conservent bien pour les pique-niques, avec un morceau d'essuie-tout humide sur le dessus pour garder la feuille de riz fraîche.

Pour 6 rouleaux de printemps

Pour les rouleaux de printemps
100 g de nouilles de riz fines et séchées
un filet d'huile de sésame ou d'olive (facultatif)
6 feuilles de riz rondes (18 cm de diamètre chacune)
1 carotte, lavée et coupée en fines lamelles de la longueur d'un doigt, comme des allumettes épaisses
½ concombre, coupé en tranches comme la carotte
3 radis, coupés en tranches (facultatif)
5 feuilles de laitue Little Gem, finement hachées
6 brins de menthe, effeuillés
6 brins de coriandre, coupés en trois dans le sens de la longueur

Pour la sauce satay aux cacahuètes
3 cuil. à soupe de beurre de cacahuètes (de préférence lisse)
1 cuil. à soupe de vinaigre de vin de riz, ou le zeste râpé et le jus de ½ citron vert
½ cuil. à café de sucre blanc
2 cuil. à café de sauce soja

Préparez d'abord tous les ingrédients pour les rouleaux de printemps et mettez-les en tas séparés sur une assiette ou dans de petits récipients.

Pour la sauce satay au beurre de cacahuètes, dans un petit bol, mélangez simplement le beurre de cacahuètes avec le vinaigre ou le zeste et le jus de citron vert, le sucre, la sauce soja et 1 cuil. à soupe d'eau jusqu'à obtenir un mélange homogène et lisse. Si la sauce est un peu épaisse, ajoutez un peu d'eau. Réservez.

Faites cuire les nouilles de riz selon les instructions figurant sur l'emballage. Égouttez-les, passez-les sous l'eau froide, égouttez-les à nouveau et réservez-les. Vous pouvez les mélanger avec un peu d'huile de sésame ou d'olive pour éviter qu'elles ne collent entre elles, si nécessaire.

Prenez votre première feuille de riz, puis plongez-la dans un plat peu profond rempli d'eau froide pendant 1 min 30 s ou jusqu'à ce qu'elle soit complètement souple. Retirez-la délicatement et placez-la sur une planche à découper en bois sec ou un torchon propre. Ajoutez quelques nouilles et quelques morceaux de chaque légume, laitue et herbes au centre de la feuille de riz, en les disposant proprement.

Roulez ensuite comme un burrito, en repliant d'abord les extrémités, puis le reste, en tassant bien la garniture à mesure que vous remontez. Ajoutez un peu d'eau avec votre doigt lorsque vous arrivez au bout si c'est trop sec et utilisez-la comme colle pour aider à faire tenir l'ensemble, en le reposant sur la planche, côté couture vers le bas. Cela demande un peu d'entraînement, mais même les moins réussis sont savoureux, alors persévérez ! Répétez l'opération pour les autres rouleaux.

Pour servir, coupez les rouleaux (en diagonale, si vous le souhaitez) en deux ou en quatre et dégustez-les avec la sauce satay au beurre de cacahuètes.

Salade indonésienne – gado-gado

Nous avons eu la chance de nous rendre en Indonésie il y a quelques années pour faire du bénévolat avec North Bali Reef Conservation à Tianyar. En descendant vers le sud pour surfer, nous avons mangé dans les *warung* locaux presque tous les jours. Ces restaurants en bord de route servent des plats sous forme de buffet toute la journée, et le *gado-gado* était l'un de nos plats préférés – il se traduit par « mélange-mélange » et est agrémenté d'une sauce satay aux cacahuètes.

Pour 2 personnes

500 g de pommes de terre nouvelles, de pommes de terre à salade ou de patates douces (lavées et coupées en morceaux)
200 g de haricots verts, de pois mange-tout, de brocolis ou d'asperges, parés
4 œufs, ou 200 g de tempeh, coupés en lanières
1 cuil. à soupe d'huile d'olive (si vous utilisez du tempeh)
2 portions de sauce satay aux cacahuètes (voir page 58)
200 g de nouilles de riz séchées de votre choix (facultatif)
2 têtes de laitue Little Gem ou 1 tête de laitue romaine, lavées et effeuillées
sel

Mettez vos pommes de terre dans un faitout avec une grosse pincée de sel et couvrez-les d'eau froide, puis portez à ébullition et faites-les cuire jusqu'à ce qu'elles soient tendres (les patates douces prennent un peu moins de temps que les pommes de terre normales). Retirez-les du faitout à l'aide d'une écumoire et réservez l'eau de cuisson.

Ajoutez les haricots verts ou les légumes dans l'eau, en la complétant si nécessaire, puis portez à nouveau à ébullition et faites cuire pendant 1 min. Retirez les légumes du faitout à l'aide d'une écumoire, puis mettez-les de côté en réservant à nouveau l'eau.

Ajoutez délicatement les œufs (si vous en utilisez) à l'eau chaude et portez-la à nouveau à ébullition. Faites bouillir doucement pendant 6 min 30 s pour des œufs à la coque. Égouttez les œufs puis plongez-les dans l'eau froide et laissez refroidir jusqu'à ce qu'ils soient assez froids pour être manipulés. Écalez-les et coupez-les en deux.

Si vous utilisez du tempeh, faites chauffer l'huile d'olive dans une grande poêle à frire antiadhésive à feu moyen et faites cuire les lanières pendant 2 min de chaque côté jusqu'à ce qu'elles soient légèrement dorées.

Pendant ce temps, préparez la sauce satay aux cacahuètes selon la recette de la page 58 et faites cuire les nouilles de riz selon les instructions figurant sur l'emballage (voir aussi page 12).

Pour servir, placez les feuilles de salade dans l'assiette (en coupant en deux les feuilles les plus grandes). Disposez soigneusement le reste des ingrédients tout autour du plat. Arrosez le tout de sauce satay ou servez-la dans un ramequin séparé pour tremper dedans.

Mélange de fruits secs aux trois noix

Les sachets de mélanges de fruits et de noix prêts à l'emploi conviennent très bien, mais si vous voulez en avoir plus pour votre argent, fabriquez-les vous-même et réduisez les quantités de plastique en achetant des noix et des fruits secs en vrac. C'est l'idéal pour les longs trajets en avion, les randonnées et autres voyages où vous avez besoin d'un regain d'énergie régulier. Ajoutez des morceaux de chocolat noir et un sachet de bretzels pour un résultat vraiment original.

Permet de fabriquer un sac de 1,8 kg (suffisant pour un grand groupe ou pour plusieurs voyages à 2 personnes).

500 g d'amandes brutes
500 g de cacahuètes crues
250 g de noix de cajou crues
10 dattes Medjool fraîches, dénoyautées
200 g de chocolat au lait ou noir en tablette (facultatif)
250 g de raisins secs, de mûres ou de cerises séchées
1 petit sachet (environ 175 g) de bretzels salés

Hachez grossièrement les noix, les dattes et le chocolat, et mélangez-les dans un bol ou un récipient avec les fruits secs. Ajoutez les bretzels et mélangez. C'est facile !

Conservez dans une boîte ou un bocal hermétique ou dans un sac alimentaire ou de congélation scellé, à température ambiante. Ce mélange se conserve jusqu'à 6 semaines.

Conseil du chef *Grillez d'abord vos noix entières dans une poêle à frire si vous préférez une saveur plus prononcée. Faites-les griller ensemble dans une grande poêle antiadhésive sèche (ou par lots dans une plus petite poêle) à feu moyen, en les remuant dans la poêle pendant 5 à 10 min ou jusqu'à ce qu'elles soient légèrement colorées, puis laissez-les refroidir et hachez-les grossièrement.*

Bombes énergétiques aux dattes, au beurre de cacahuètes et aux noix de cajou

Nous avons commencé à acheter des barres énergétiques lorsque des versions contenant du sucre non raffiné sont apparues sur le marché. Elles sont bien sûr délicieuses mais, si elles constituent un en-cas régulier, il est beaucoup plus économique d'investir d'emblée dans les ingrédients et de les préparer soi-même. C'est plus facile si vous avez un robot ménager, mais vous pouvez aussi les hacher et les mélanger à la main. Nous les préparons en deux ou trois fois.

Permet de fabriquer 10 bombes énergétiques

200 g de dattes fraîches dénoyautées (idéalement Medjool), hachées
100 g de noix de cajou crues, finement hachées
100 g de beurre de cacahuètes, croquant ou lisse, à température ambiante

Dans un saladier ou un faitout, mélangez tous les ingrédients jusqu'à ce qu'ils soient bien mêlés, puis, à l'aide de vos mains, divisez et façonnez le mélange en boules rondes et lisses, chacune ayant à peu près la taille d'une balle de ping-pong.

Placez-les sur une assiette ou un plateau et laissez-les figer au réfrigérateur pendant une nuit pour de meilleurs résultats. Elles se conservent dans une boîte hermétique au réfrigérateur pendant environ une semaine, ou jusqu'à 3 mois, bien emballées, au congélateur (veillez à les décongeler avant de les déguster).

Choisissez votre pop-corn

Le pop-corn est sans conteste mon en-cas préféré. La texture gourmande et les possibilités de saveurs placent cet indémodable accompagnement de boissons à un autre niveau. Veillez à éteindre le feu dès que vous entendez les « pops », les éclats, ralentir – la frontière est mince entre la cuisson et la brûlure.

Pour 2 personnes

3 cuil. à soupe d'huile de coco, d'olive ou d'huile neutre (l'huile de coco est notre préférée)
4 cuil. à soupe de grains de maïs pour pop-corn
1 cuil. à café de sel
une sélection d'assaisonnements pour les options salées ou sucrées, comme les paillettes de levure, les paillettes d'algues séchées, le dukkah, le zaatar, le beurre, le parmesan fraîchement râpé, le piment en poudre, le piment de Cayenne, le sucre de coco, le sucre à la cannelle (obtenu en mélangeant 1 cuil. à soupe de sucre en poudre avec ½ cuil. à café de cannelle moulue)

Placez un faitout sur un feu moyennement élevé et dosez l'huile et les grains dedans.

Remuez les grains pour qu'ils soient uniformément enrobés d'huile et répartis au fond de la poêle. Placez un couvercle sur la poêle et réglez le minuteur.

Il faut environ 45 s pour que les pops démarrent. Essayez de ne pas soulever le couvercle, car cela laisse échapper la chaleur (et les grains).

Dès que les pops ralentissent, à environ 2 min et 45 s, éteignez immédiatement le feu et gardez le couvercle en place.

Dans un petit bol, mélangez le sel avec 1 cuil. à soupe de votre assaisonnement préféré (½ cuil. à café si vous utilisez le piment en poudre ou de Cayenne). Si vous utilisez du beurre, faites-le d'abord fondre dans une petite casserole.

Retirez le couvercle, versez l'assaisonnement sur le pop-corn, remuez pour bien mélanger et assaisonnez uniformément le pop-corn, puis transférez dans des bols pour partager.

DÎNERS

Pilaf à la cannelle et à l'eau de rose avec raisins secs et amandes

Je cuisinais souvent ce plat pour Karakusevic Carson Architects (KCA), où j'ai travaillé comme chef privé pendant quatre ans. Nous le servions en mode familial, sur deux grandes tables en bois dans le bureau. Beaucoup de soupes, de ragoûts, de currys et de tartes en hiver, et des salades, des quiches, des tapas, des *antipasti* et des *mezze* en été. Je prépare volontiers ce riz pilaf pour accompagner les currys plutôt qu'un simple riz. C'était l'un des plats préférés de l'automne et il peut constituer un repas à lui tout seul. Il peut être servi comme plat principal ou en accompagnement d'un curry. Vous aurez besoin d'un cercle de papier sulfurisé pour cette recette.

Pour 4 personnes

250 g de riz basmati (nous utilisons toujours la marque Tilda)
2 oignons, émincés
4 gousses d'ail, finement tranchées
2 cuil. à soupe d'huile d'olive
1 cuil. à café de cannelle moulue
1 cuil. à soupe d'eau de rose
50 g de raisins secs ou de raisins de Corinthe
450 ml d'eau bouillante ou de bouillon de légumes
une grosse pincée de sel

Pour servir
50 g d'amandes brutes, hachées (facultatif)
4 cuil. à soupe de yaourt nature à la grecque (facultatif)
un bouquet de coriandre, effeuillé (facultatif)

Tout d'abord, faites tremper le riz dans de l'eau froide pendant 30 min, puis égouttez-le.

Ensuite, faites revenir les oignons et l'ail avec l'huile d'olive dans un faitout à feu moyen, en remuant fréquemment, jusqu'à ce qu'ils brunissent et deviennent collants, soit environ 25 min. Si le mélange accroche au fond du faitout, ajoutez un peu d'eau pour déglacer et continuer la caramélisation.

Lorsque le mélange est vraiment mou et collant, ajoutez la cannelle, l'eau de rose et les raisins secs ou de Corinthe et mélangez le tout. Laissez cuire encore 1 min, puis ajoutez le riz trempé, l'eau chaude ou le bouillon de légumes, et la grosse pincée de sel.

Remuez, portez à ébullition, puis réduisez à feu doux, couvrez d'un cercle de papier sulfurisé (et d'un couvercle si vous en avez un) et laissez cuire pendant environ 15 min, sans remuer. Vérifiez que le riz est cuit sur le dessus, puis éteignez le feu et laissez reposer dans le faitout avec le couvercle (sans remuer) pendant 5 à 10 min.

Mélangez le pilaf, puis dressez le plat et servez avec les amandes hachées, le yaourt et un peu de coriandre, si vous le souhaitez.

Pâtes de supermarché pour 4 personnes

C'est notre plat de pâtes préféré lorsque nous sommes pressés, que nous avons un budget limité ou que les options à notre disposition sont restreintes. Vous devriez pouvoir trouver tous ces ingrédients dans une épicerie de quartier, une station-service ou un petit supermarché. L'important est de passer du temps à faire suer la base, ce que nous appelons la « fusion ». Une autre astuce consiste à conserver une partie de l'eau des pâtes pour faire une émulsion avec la sauce huileuse à la fin. Si vous le souhaitez, vous pouvez omettre les anchois et le parmesan pour obtenir une version à base de plantes.

Pour 4 personnes

4 cuil. à soupe d'huile d'olive, plus un filet supplémentaire
2 oignons rouges, en fines lamelles
8 gousses d'ail, en fines lamelles
1 piment rouge frais (sans les graines, selon les préférences) ou 1 cuil. à soupe de flocons de piment
5-6 filets d'anchois en conserve dans l'huile, égouttés (facultatif)
500 g de pâtes sèches, telles que fusilli, penne ou rigatoni
1 tête de brocoli, tige et bouquets coupés en petits morceaux
sel et poivre noir fraîchement moulu
2 cuil. à soupe de parmesan fraîchement râpé ou de paillettes de levure, pour décorer (facultatif)

Mettez une casserole d'eau salée à bouillir et passez à la préparation de la sauce.

Ajoutez l'huile d'olive dans une grande poêle antiadhésive et faites suer l'oignon, l'ail, le piment et les anchois (le cas échéant) avec une pincée de sel, à feu moyen, jusqu'à ce qu'ils soient très tendres, soit environ 15 à 20 min au total. Pendant ce processus de sudation, il n'est pas grave que le mélange brunisse un peu ; il suffit d'ajouter un filet d'eau, puis de poursuivre la cuisson, en faisant suer jusqu'à ce que le mélange d'oignons commence à coller. Ajoutez un peu d'eau pour déglacer et réduisez à nouveau, en répétant l'opération plusieurs fois pendant les 15 à 20 min, jusqu'à ce que le mélange d'oignons ait l'aspect d'une pâte riche. C'est ce que l'on appelle *in umido* en italien, ce qui se traduit approximativement par une « cuisson à la vapeur », et que nous appelons affectueusement « fusion ».

Pendant ce temps, ajoutez les pâtes à la casserole d'eau bouillante avec un filet d'huile d'olive et faites-les cuire selon les instructions du paquet jusqu'à ce qu'elles soient *al dente*. Égouttez-les et réservez-les dans la casserole, en conservant une demi-tasse de l'eau de cuisson des pâtes.

Ajoutez les morceaux de tige de brocoli au mélange d'oignons avec un peu de l'eau de cuisson des pâtes pour aider à les cuire à la vapeur, en remuant l'ensemble dans la poêle pendant environ 1 min, jusqu'à ce que les morceaux de brocoli ramollissent, puis ajoutez les bouquets et répétez l'opération jusqu'à ce qu'ils soient d'un vert vibrant et tendres.

Incorporez les pâtes et le reste de l'eau réservée pour les pâtes, et mélangez le tout à l'aide d'une pince ou d'une cuillère. Assaisonnez de sel et de poivre, si nécessaire.

Dressez et garnissez de parmesan râpé ou de paillettes de levure (le cas échéant), ou dégustez tel quel.

Crêpes vietnamiennes

Ces crêpes légères et croustillantes sont sans produits laitiers ni gluten et fidèles à la recette originale, à base de lait de coco et de farine de riz. Garnissez-les au choix de tofu, de champignons ou d'émincé de porc, et terminez par quelques herbes fraîches et un zeste de citron vert.

Pour 4 grandes crêpes et la garniture

Pour la pâte à crêpes

200 g de farine de riz
200 ml d'eau chaude
260 ml de lait de coco en conserve, bien mélangé
4 oignons nouveaux, finement émincés
1 cuil. à café de curcuma moulu (facultatif)
½ cuil. à café de sel
4 cuil. à café d'huile de coco ou d'huile d'olive

Pour la garniture

½ échalote banane, ou oignon, finement coupée en dés
un morceau de gingembre frais de la taille d'un pouce, pelé et râpé
2 gousses d'ail, émincées
1 cuil. à soupe d'huile de coco ou d'olive
une grosse pincée de sel
1 cuil. à café de curcuma moulu
1 paquet de 350 g de tofu ferme, égoutté et écrasé, ou 500 g de champignons, coupés en dés (pour les végétariens et les vegan), ou 300 g d'émincé de porc fermier
1 cuil. à café de sauce de poisson, ou le jus de ½ citron vert et un peu de sel

Pour les légumes et les herbes

1 grande ou 2 petites carottes, lavées et râpées
½ concombre, finement tranché
½ bouquet de menthe, feuilles cueillies, laissées entières ou déchirées en morceaux
½ bouquet de coriandre, haché

Pour terminer

Sauce nam jim *(voir page 132) ou sauce pimentée prête à l'emploi*
1 citron vert, coupé en quartiers

Préparez d'abord la sauce *nam jim* selon la recette de la page 132, ou ayez simplement de la sauce pimentée prête à l'emploi.

Pour la pâte à crêpes, fouettez la farine de riz, l'eau tiède et le lait de coco dans un bol ou une cruche jusqu'à obtention d'une pâte lisse. Ajoutez les oignons nouveaux, le curcuma (le cas échéant) et le sel. Pour obtenir la consistance d'une crème liquide, ajoutez un peu plus de lait de coco ou d'eau si nécessaire. Laissez reposer à température ambiante ou au réfrigérateur pendant au moins 10 min avant de l'utiliser.

Pour la garniture, dans une grande poêle antiadhésive, faites revenir à feu moyen, pendant 2 min, l'échalote ou l'oignon, le gingembre et l'ail dans l'huile de coco ou d'olive et avec une grosse pincée de sel. Ajoutez le curcuma et le tofu, les champignons ou l'émincé de porc et faites frire à feu vif pendant environ 10 min, en remuant fréquemment, jusqu'à ce que les champignons ou l'émincé de porc aient rétréci et libéré leur jus ou que le tofu ait coloré. Assaisonnez au goût avec de la sauce de poisson ou du jus de citron vert et du sel. Retirez du feu, transférez dans un bol, réservez et gardez au chaud. Essuyez votre poêle à frire.

Pendant ce temps, préparez les légumes et les herbes, et mettez-les de côté.

Fouettez à nouveau le mélange, puis faites cuire les crêpes, une par une, en ajoutant 1 cuil. à café d'huile de coco ou d'olive dans votre poêle à frire. Recouvrez le fond de la poêle avec un quart de la pâte, en la faisant tourner autour de la poêle, puis faites frire à feu vif, en les retournant à mi-cuisson (en faisant attention de ne pas les casser !), jusqu'à ce qu'elles soient cuites des deux côtés et croustillantes sur le dessous, soit environ 1 min 30 s de chaque côté. Transférez dans une assiette et gardez au chaud. Répétez l'opération jusqu'à ce que vous ayez utilisé toute la pâte pour faire quatre grandes crêpes, en fouettant la pâte entre chaque fournée.

Garnissez les crêpes avec le mélange de tofu, de champignons ou de porc, puis ajoutez les carottes, le concombre et les herbes. Pliez et assaisonnez avec la sauce *nam jim* ou la sauce pimentée et servez avec un quartier de citron vert sur le côté.

Amok de légumes aux cacahuètes

Mon adaptation de ce plat cambodgien classique. Généralement préparé avec du poisson blanc, la base du *amok* se prête bien à une version végétarienne avec l'ajout de beurre de cacahuètes pour épaissir la sauce. Ce sera un peu plus rapide si vous avez un minirobot culinaire pour faire la pâte de curry, mais si vous n'avez pas le kit, prenez un pot de confiture et l'extrémité d'une cuillère en bois ou une bouteille fine pour broyer la pâte comme dans un mortier avec un pilon (ou utilisez ces derniers si vous en avez à portée de main). Le sel aidera à décomposer les ingrédients.

Pour 4 personnes

Pour la base
4 gousses d'ail, finement hachées
2 morceaux de gingembre frais de la taille d'un pouce, pelés et râpés ou finement hachés
2 piments verts ou rouges frais (sans les graines), finement hachés
1 échalote, finement hachée
2 cuil. à soupe d'huile de coco ou d'huile d'olive
sel

Pour le curry
3 tiges de citronnelle
2 carottes, lavées et coupées en fines tranches
8 feuilles de citron vert kaffir ou le zeste pelé de 1 citron vert
½ chou-fleur, feuilles enlevées, hachées et mises de côté, le reste (y compris le pédoncule) coupé en fleurettes
2 cuil. à soupe de beurre de cacahuètes lisse
2 cuil. à café de curcuma moulu
2 boîtes de 400 g de lait de coco
100 g de haricots verts, hachés, ou de petits pois frais surgelés (décongelés) ou écossés
2 cuil. à soupe de sauce de poisson, ou le jus de 2 citrons verts et un peu de sel

Pour servir
300 g de riz (de tout type) ou 400 g de nouilles sèches de votre choix (facultatif)
1 citron vert, coupé en quartiers

Garniture (facultative)
brins de coriandre fraîche, hachés
piment rouge frais en tranches ou flocons de piment séché

Commencez par écraser vos ingrédients de base (ail, gingembre, piments et échalotes) avec une bonne pincée de sel (voir l'introduction). Vous obtiendrez une pâte épaisse et compacte.

Mettez un faitout sur feu moyen et ajoutez l'huile de coco ou d'olive avec une autre pincée de sel. Faites cuire votre pâte avec les tiges de citronnelle entières pendant environ 5 min.

Ajoutez les carottes à la pâte avec les feuilles ou le zeste de citron vert kaffir. Ajoutez 100 ml d'eau, réduisez le feu à doux et laissez cuire pendant 10 min, en remuant de temps en temps. Si vous préparez du riz ou des nouilles, c'est le bon moment. Faites-les cuire selon les instructions figurant sur l'emballage, puis égouttez-les et mettez-les de côté, couverts.

Ajoutez les fleurettes de chou-fleur et la tige dans le faitout et faites cuire à feu doux pendant 10 min de plus, en remuant de temps en temps. Incorporez le beurre de cacahuètes et le curcuma.

Ensuite, versez le lait de coco et 200 ml d'eau, et augmentez le feu. Dès l'ébullition, réduisez le feu au minimum. En cas de surchauffe, le lait de coco se divisera et vous perdrez votre belle consistance crémeuse.

Retirez la citronnelle, puis ajoutez les feuilles de chou-fleur hachées et les haricots verts ou les petits pois. Laissez mijoter doucement pendant 2 min. Assaisonnez avec la sauce de poisson ou le jus de citron vert et le sel.

Servez avec le riz ou les nouilles (le cas échéant), un quartier de citron vert pour chaque personne et garnissez de coriandre et de piment (le cas échéant).

Crêpes de pois chiches avec salade de chou-fleur et de tomates

La farine de pois chiches, également connue sous le nom de farine de *gram* ou farine de *besan*, est sous-estimée, polyvalente et sans gluten. Elle est couramment utilisée dans les cuisines italienne et indienne. Vous pouvez la trouver dans la plupart des supermarchés ou des magasins indiens. Préparez la pâte avec des épinards hachés, des tomates, des oignons et des épices indiennes, et servez les crêpes avec une salade croustillante de chou-fleur cru, garnie d'œufs frits et de flocons de piment pour un plat sain et énergisant.

Pour 4 personnes

Pour la pâte
250 g de farine de pois chiches
½ oignon rouge, finement coupé en dés
1 tomate, coupée en dés
6 brins de coriandre, finement hachés
2 cuil. à café de curcuma moulu
2 cuil. à café de cumin moulu
2 cuil. à café de flocons de piment ou ½ piment rouge frais, finement haché
1 cuil. à café de graines de nigelle, grillées (facultatif) – voir l'astuce du chef
50 g de feuilles d'épinards, hachées
½ cuil. à soupe de sel
2 cuil. à soupe d'huile de coco ou d'olive, pour la friture

Pour la salade
½ petit chou-fleur, coupé en deux, feuilles et cœur enlevés, fleurettes coupées en tranches très fines
¼ d'oignon rouge, coupé en fines lamelles
1 tomate, coupée en fines tranches
100 g de feuilles d'épinards, hachées
6 brins de coriandre, effeuillés
6 brins de menthe, effeuillés (facultatif)
1 cuil. à café de flocons de piment, plus un supplément pour servir
1 cuil. à café de sel
1 cuil. à soupe d'huile d'olive
le jus de 1 citron ou de 1 citron vert

Pour terminer
1 cuil. à soupe d'huile d'olive, plus un supplément pour servir
4 œufs
sel et poivre noir fraîchement moulu

Pour la pâte à frire, mettez la farine de pois chiches dans un bol avec l'oignon, la tomate, la coriandre et toutes les épices. Incorporez 400 ml d'eau jusqu'à l'obtention d'une pâte homogène. Incorporez les épinards et le sel, puis couvrez et laissez reposer à température ambiante ou au réfrigérateur pendant au moins 10 min (et jusqu'à 2 h).

Préparez la salade pendant que la pâte repose. Mélangez le chou-fleur, l'oignon, la tomate, les épinards, la coriandre et la menthe (le cas échéant) avec les flocons de piment, le sel, l'huile d'olive et le jus de citron ou de citron vert. Laissez mariner pendant la cuisson des crêpes.

Suite de la recette p. 75

Placez votre grande poêle à frire antiadhésive sur un feu moyennement élevé et ajoutez ½ cuil. à soupe (par crêpe) d'huile de coco ou d'huile d'olive. Versez un quart de la pâte à crêpes (elle doit grésiller), puis faites cuire jusqu'à ce que le premier côté soit doré, environ 2 min. Pour retourner la crêpe, placez délicatement une assiette sur la poêle et retournez-la, puis faites glisser la crêpe dans la poêle pour la faire cuire de l'autre côté pendant 1 à 2 min. Transférez dans une assiette et couvrez d'un torchon propre pour garder la crêpe au chaud. Répétez l'opération avec le reste de la pâte pour obtenir quatre crêpes au total.

Pour finir, ajoutez l'huile d'olive (ou le beurre, si vous préférez) dans votre poêle à frire et faites frire rapidement les œufs à votre goût (nous pensons qu'un jaune d'œuf coulant est préférable).

Pour servir, déposez les crêpes dans des assiettes de service et répartissez la salade de chou-fleur et de tomates assaisonnée. Garnissez avec les œufs au plat, ajoutez des flocons de piment et un filet d'huile d'olive, et assaisonnez de sel et de poivre.

Conseil du chef *Faites griller les graines de nigelle dans une poêle sèche et antiadhésive à feu moyen pendant environ 1 min ou jusqu'à ce qu'elles soient parfumées.*

Tacos de maïs à la pomme jaque râpée

Les mangeurs de viande ne se plaindront pas si vous leur servez ces tacos. Je recommande d'utiliser de petites tortillas de maïs plutôt que des tortillas de blé pour une saveur plus authentique. Cela vaut la peine d'en acheter un grand paquet et de les conserver au congélateur.

Pour 8 petits tacos (10 cm de diamètre) pour 2 personnes

***Pour le mélange à la pomme jaque* (jackfruit)**

1 cuil. à soupe d'huile d'olive ou d'huile neutre
2 oignons rouges, finement tranchés
4 gousses d'ail, finement tranchées
1 cuil. à soupe de cumin moulu
1 cuil. à soupe de paprika fumé
1 cuil. à café de piment en poudre, plus (facultatif) pour servir
2 cuil. à café d'origan séché
1 cuil. à soupe de purée de tomates
1 cuil. à soupe de mélasse, de sirop de dattes ou d'un autre sucrant
1 boîte de 400 g de pomme jaque (ou jackfruit*)*
sel

Pour les garnitures

1 avocat mûr, pelé, dénoyauté et coupé en dés
1 portion de pico de gallo *(voir page 50) ou 1 pot de 300 g de salsa à la tomate*
2 cuil. à soupe de piments jalapeño hachés (les variétés en bocal conviennent bien)
4 brins de coriandre, hachés
1 citron vert, coupé en 8 morceaux

Pour servir

8 tortillas de maïs souples

Tout d'abord, préparez la farce en ajoutant l'huile d'olive ou l'huile neutre dans une sauteuse avec les oignons, l'ail et une pincée de sel. Faites suer à feu moyen pendant 7 min, en remuant pour que les oignons n'attachent pas. Ajoutez un peu d'eau si nécessaire. Ajoutez toutes les épices, l'origan, la purée de tomates, le sucrant et une autre grosse pincée de sel. Mélangez le tout et laissez cuire pendant 1 min supplémentaire. Ouvrez la boîte de pomme jaque et jetez le liquide. Brisez-le à la fourchette jusqu'à ce qu'il soit un peu déchiqueté, avec les graines et tout le reste, ajoutez-le à la sauteuse avec 200 ml d'eau, et continuez à remuer.

Portez le mélange à ébullition, puis réduisez à feu doux. Laissez cuire et réduire jusqu'à obtenir une consistance épaisse qui ne coule pas des tacos, en remuant de temps en temps, pendant 5 à 7 min environ. Assaisonnez avec du sel et un peu plus de piment en poudre si certains l'aiment chaud ! Vous pouvez préparer ce plat à l'avance, le laisser refroidir et le conserver au réfrigérateur jusqu'à 5 jours. Réchauffez-le doucement dans une poêle jusqu'à ce qu'il soit bien chaud lorsque vous serez prêt à préparer les tacos.

Préparez toutes vos garnitures et tenez tous les éléments prêts pour l'assemblage des tacos.

Faites chauffer vos tortillas, une à la fois, dans une grande poêle antiadhésive sèche, à feu vif, pendant environ 30 s de chaque côté ou jusqu'à ce qu'elles soient un peu colorées mais pas croustillantes. Transférez-les dans une assiette et gardez-les au chaud pendant que vous faites cuire le reste.

Assemblez dans l'ordre suivant : tortilla de maïs, mélange de pomme jaque, dés d'avocat, *pico de gallo* ou salsa, jalapeños hachés, puis coriandre et un filet de citron vert. Pliez les tacos en deux et dégustez-les avec une *michelada* (voir page 127).

Riz frit aux œufs

Une fois que vous aurez essayé cette méthode, vous ne tenterez plus jamais de préparer du riz frit aux œufs d'une autre manière. Au lieu de brouiller l'œuf dans le riz et les légumes (ce qui peut parfois donner des résultats décevants), faites d'abord une omelette, hachez-la et incorporez-la dans le riz frit à la fin. Les riz frits sont un excellent moyen d'utiliser les restes et sont meilleurs lorsqu'ils sont préparés avec du riz de la veille, qui s'imprègne des saveurs et se frit mieux. Alors, préparez-en plus !

Pour 2 personnes

Pour le riz frit

250 g de riz basmati froid cuit, vieux d'un jour (ou 150 g de riz basmati cru)
½ botte d'oignons nouveaux, finement hachés
3 gousses d'ail, finement hachées
une petite noix de gingembre frais, pelé et finement haché ou râpé
2 cuil. à soupe d'huile de coco, de sésame ou d'huile neutre
1 carotte, lavée et râpée
200 g de champignons, hachés
1 tête de brocoli, coupée en petits morceaux, y compris le pédoncule
le jus de 1 citron vert
une poignée de légumes verts feuillus, tels que le chou kale, les bettes à carde ou les épinards, dont les tiges et les feuilles ont été séparées et grossièrement hachées, ou environ 100 g de restes de légumes froids cuits, finement hachés
2 cuil. à soupe de sauce de poisson, ou le jus de 2 citrons verts et un peu de sel
1 cuil. à soupe de sauce soja
un petit bouquet de coriandre, grossièrement haché (facultatif)
1 cuil. à café de flocons de piment ou 1 petit piment rouge frais, épépiné et finement haché
sel

Pour l'omelette

4 à 6 œufs
1 cuil. à soupe de sauce soja
1 cuil. à soupe de beurre

Si vous cuisinez du riz cru, faites-le cuire et préparez-le en suivant les instructions de la page 12.

Pour préparer l'omelette, fouettez les œufs avec la sauce soja. Placez votre grande poêle à frire antiadhésive ou votre wok sur un feu vif. Ajoutez le beurre, puis versez le mélange d'œufs en le remuant dans la poêle pour le brouiller légèrement, environ 30 s. Réduisez le feu à moyen-doux et laissez cuire, sans remuer, jusqu'à ce que le fond de l'omelette soit coloré. L'omelette est prête lorsqu'elle est presque entièrement cuite, mais encore liquide au milieu.

Pliez-la en deux et faites-la glisser sur une assiette, puis laissez refroidir légèrement avant de la découper en morceaux qui seront ajoutés à la préparation plus tard.

Dans la même poêle, faites sauter la moitié des oignons nouveaux, l'ail et le gingembre dans l'huile avec une pincée de sel à feu moyen-vif, pendant 2 min. Réduisez le feu à moyen, puis ajoutez la carotte et faites-la sauter pendant 1 min. Ajoutez les champignons et faites-les sauter pendant 2 min de plus.

Augmentez à nouveau le feu à un niveau élevé. Ajoutez le brocoli avec le jus de citron vert et faites sauter pendant encore 2 min. Ajoutez les tiges des légumes verts feuillus et faites-les cuire pendant 30 s.

Ajoutez le riz cuit et les feuilles vertes hachées ou les restes de légumes cuits. Faites sauter le tout dans la poêle pendant quelques minutes pour bien mélanger et réchauffer.

Terminez en incorporant l'omelette hachée, puis assaisonnez avec la sauce de poisson ou le mélange jus de citron vert/sel et la sauce soja. Saupoudrez le reste des oignons nouveaux et la coriandre (le cas échéant). Ajoutez les flocons de piment ou le piment haché pour terminer, puis servez.

Bowl de riz arc-en-ciel

Les bowls arc-en-ciel s'inspirent d'un plat japonais appelé *chirashi*, qui se traduit par « éparpillé ». Nous nous sommes inspirés du chirashi pour créer un plat vegan ou végétarien rassasiant, composé de nombreux légumes de saison éclatants, de pickles et d'un œuf à la coque facultatif (nous avons également inclus quelques autres options, si vous mangez de la viande ou du poisson).
La vinaigrette énergisante vient parfaire le tout.

Pour 2 personnes

Pour le riz

1 ½ cuil. à soupe de vinaigre de riz (si l'on utilise du riz pour sushi)
1 cuil. à soupe de sucre blanc (si vous utilisez du riz pour sushi)
200 g de riz pour sushi ou autre riz tel que le riz basmati blanc ou le riz brun à grains courts
½ cuil. à café de sel

Pour le reste

½ oignon rouge, émincé finement
¼ de concombre, en tranches
une petite botte de radis, coupés en tranches, ou 1 carotte, lavée et coupée en lanières
le jus de 1 citron vert
une pincée de sucre
environ 300 g de légumes de saison tels que brocoli, chou-fleur, haricots verts, courge, asperges (ou un mélange), coupés en gros morceaux ou en bouchées
2 œufs, ou 200 g de tofu ou de tempeh frit, ou la viande de votre choix, comme le poulet, le bœuf ou le porc (environ 200 g) ou le poisson fumé (1 filet)
1 cuil. à soupe d'huile d'olive (facultatif)
sel

Pour terminer

vinaigrette au soja et au gingembre (voir page 130), selon le goût
saupoudrage d'algues (voir page 131), selon les goûts (facultatif)

Si vous utilisez du riz à sushi, mélangez le vinaigre de riz et le sucre dans un petit bol et réservez. Préparez d'abord votre riz à sushi en le rinçant soigneusement à l'eau froide – cette première étape permet de se débarrasser de l'amidon. Mettez votre riz à sushi dans une casserole avec 250 ml d'eau froide et le sel, et portez à ébullition, puis réduisez le feu, couvrez avec un couvercle et laissez mijoter pendant 10 min. Éteignez le feu. Versez le mélange de vinaigre et de sucre, remuez et couvrez à nouveau.

Sinon, faites cuire votre autre riz selon les instructions de cuisson de la page 12.

Suite de la recette p. 82

Pendant que le riz cuit, faites mariner l'oignon rouge, le concombre et les radis ou les carottes dans un bol en les mélangeant avec le jus de citron vert, une pincée de sucre et une pincée de sel. Réservez.

Préparez la vinaigrette et les algues (si vous en utilisez) pour finir, selon les recettes des pages 130 et 131.

Mettez une seconde casserole d'eau à bouillir (environ 500 ml) avec une pincée de sel. Faites blanchir les légumes préparés dans l'eau bouillante pendant 1 min jusqu'à ce qu'ils soient tendres, puis égouttez-les et mettez-les de côté (réservez l'eau chaude si vous utilisez des œufs).

Préparez maintenant vos protéines. Si vous utilisez des œufs, faites-les cuire mollets pendant 6 min 30 s dans l'eau de cuisson chaude, puis plongez-les dans l'eau froide et écalez-les une fois refroidis (coupez-les en deux pour les servir). Vous pouvez également faire frire dans une grande poêle antiadhésive votre tofu/tempeh/viande/poisson avec l'huile d'olive, à feu vif, jusqu'à ce que ce soit doré et cuit à votre goût (assurez-vous que le poulet et le porc sont bien cuits, le cas échéant), ou badigeonnez d'huile et faites cuire sous un gril chaud.

Pour assembler et servir, versez d'abord le riz cuit dans les bols, en le laissant sur un côté, puis ajoutez les légumes. Ajoutez la protéine de votre choix et garnissez avec les pickles (ainsi que leur jus). Arrosez de vinaigrette et saupoudrez d'algues (le cas échéant).

Brouillade de tofu

Cette brouillade est idéale pour le petit déjeuner, le déjeuner ou le dîner, et peut être utilisée en accompagnement d'un curry ou d'un dhal. Elle est très facile à préparer et constitue un excellent moyen d'agrémenter le tofu si vous cherchez des façons différentes de l'apprécier. Les légumes verts et le *kimchi* confèrent à ce plat une touche juteuse et épicée.

Pour 2 personnes

200 g de riz brun à grains courts
350 g de tofu ferme, égoutté
1 cuil. à café de curcuma moulu
1 cuil. à soupe d'huile de sésame, de noix de coco ou d'huile neutre
½ oignon, coupé en dés
2 gousses d'ail hachées
un gros morceau de gingembre frais, pelé et râpé ou finement haché
1 piment vert frais, coupé en petits dés (facultatif)
10 brins de coriandre, les tiges finement hachées et les feuilles grossièrement hachées
une pincée de sel
1 cuil. à soupe de sauce de poisson, ou le jus de 1 citron vert et un peu de sel

Pour servir
300 g de légumes verts de saison, grossièrement hachés
1 cuil. à soupe d'huile de coco ou d'huile d'olive
une pincée de sel
2 généreuses cuil. de kimchi

Préparez et faites cuire votre riz selon les instructions de la page 12.

Pendant que le riz mijote, brisez le tofu dans un bol à l'aide d'une fourchette, assaisonnez-le avec le curcuma et mélangez le tout.

Faites chauffer une grande poêle à frire antiadhésive à feu vif et ajoutez l'huile. Une fois l'huile chaude, ajoutez l'oignon, l'ail, le gingembre, le piment et les tiges de coriandre avec une pincée de sel et faites frire pendant 3 à 5 min, en mélangeant le tout uniformément dans la poêle.

Ajoutez ensuite le tofu et faites-le cuire en le remuant dans la poêle pendant 7 min de plus, jusqu'à ce qu'il soit coloré et un peu croustillant. Ajoutez les feuilles de coriandre hachées et assaisonnez avec la sauce de poisson ou le jus de citron vert et le sel, puis réservez dans un bol et gardez au chaud jusqu'à ce que vous soyez prêt à dresser les assiettes.

Faites cuire vos légumes verts de saison dans la même poêle avec l'huile de coco ou d'olive, une pincée de sel et un filet d'eau, avec un couvercle, à feu moyen-vif pendant environ 1 min.

Servez la brouillade de tofu avec le riz brun cuit et les légumes verts de saison, ainsi qu'une généreuse cuillerée de *kimchi* sur chaque portion.

Papillote de poisson au barbecue

Également connue sous le nom de *hobo packets* aux États-Unis, il s'agit d'une façon très amusante de cuisiner sur un feu de camp (qui permet également d'économiser la vaisselle). Il suffit de mélanger les ingrédients et les assaisonnements dans une feuille d'aluminium, de la plier et de la placer soigneusement dans les braises au bord du feu. Le temps de cuisson varie – l'astuce consiste à obtenir d'abord des braises uniformes et fumantes. Vous aurez besoin de quatre grandes feuilles d'aluminium pour cette recette.

Pour 2 personnes

4 oignons nouveaux, grossièrement hachés
2 gousses d'ail, finement hachées
une petite noix de gingembre frais, pelé et coupé en fines lamelles ou râpé
2 filets de poisson blanc sans peau, comme le colin ou le bar, environ 200 g chacun
2 cuil. à soupe d'huile d'olive ou de sésame
2 cuil. à soupe de sauce soja
1 citron vert, coupé en quartiers
2 pak choi, fendus en deux dans le sens de la longueur, ou 200 g de fleurettes de brocoli ou de haricots verts
sel et poivre noir fraîchement moulu
riz cuit ou nouilles au choix, pour servir
une petite poignée d'herbes hachées, comme l'aneth ou la coriandre, pour décorer (facultatif)

Commencez par fabriquer deux enveloppes en papier d'aluminium. Étalez une feuille d'aluminium carrée d'environ 45 x 45 cm. Pliez-la en deux et faites trois plis serrés de chaque côté (gauche et droite). Retournez-la et faites trois plis serrés similaires sur le dessous. Ouvrez la partie supérieure pour former une enveloppe destinée à contenir vos ingrédients, puis répétez l'opération pour former une seconde enveloppe.

Mélangez les oignons nouveaux, l'ail et le gingembre, et déposez-en la moitié au fond de chaque enveloppe de papier d'aluminium, puis posez un filet de poisson dessus et assaisonnez de sel et de poivre. Arrosez chaque filet de poisson d'une cuillère à soupe d'huile d'olive ou de sésame, puis d'une cuillerée à soupe de sauce soja, et pressez un quartier de citron vert sur chacun d'eux (en laissant la peau du citron vert à l'intérieur). Disposez le pak choi ou les autres légumes verts sur le poisson.

Enveloppez les paquets en fermant chaque enveloppe hermétiquement autour des ingrédients, puis enveloppez chaque paquet avec un autre grand morceau de papier d'aluminium.

Placez soigneusement les paquets sur un gril au-dessus des braises chaudes ou directement sur des charbons. Reportez-vous au guide de la page 15 pour savoir quand les braises sont prêtes.

Utilisez des pinces si nécessaire et laissez cuire les paquets pendant 10 à 12 min, en les déplaçant plusieurs fois pour les maintenir sur les charbons ardents – vous devriez entendre les ingrédients grésiller dans les paquets.

Lorsque vous êtes sûr que le poisson est cuit, versez soigneusement tout le contenu de chaque paquet dans un bol de service (jetez les peaux de citron vert). Servez avec du riz cuit ou des nouilles et décorez avec des herbes fraîches hachées et les quartiers de citron vert restants pour les presser dessus.

Ragoût de poisson de l'île de Wight

Ce plat est l'un de nos préférés de tous les temps pour le van et il a été perfectionné pour une petite cuisine, en n'utilisant qu'un seul faitout. Nous avons décidé de le cuisiner sur l'île de Wight, une année, sur un réchaud de camping, alors que nous ne trouvions rien d'autre d'ouvert qu'une poissonnerie et une supérette. Depuis, on l'a surnommé le ragoût de l'île de Wight. La recette originale remonte à l'époque où je travaillais au Dogs, à Édimbourg, et m'a été enseignée par le chef cuisinier, Jamie Ross, qui dirige aujourd'hui un camion de fruits de mer à Inverness. Allez le voir si vous passez par là.

Pour 4 personnes

Pour le ragoût

un filet d'huile d'olive, plus un supplément pour arroser
1 oignon, coupé en gros dés
2 gousses d'ail, écrasées
1 poireau, lavé et coupé en morceaux
2 carottes, lavées et coupées en morceaux
2 branches de céleri, coupées en morceaux
1 cuil. à café de purée de tomates
50 ml de vin blanc
2 boîtes de 400 g de tomates
2 feuilles de laurier
400 g de filets de poisson blanc sans peau (provenant idéalement d'un petit bateau de pêche à la journée ou des options les plus durables disponibles), tel que le merlu et la lotte, coupés en dés égaux
500 g de moules fraîches en coquille, débarrassées de leur barbe (voir le conseil du chef à la page 95) et bien rincées à l'eau froide (jeter celles qui ne se referment pas lorsqu'on les frappe fortement).
sel et poivre noir fraîchement moulu

Pour terminer et servir

une petite poignée d'herbes douces hachées, comme le persil, l'aneth, le cerfeuil, la coriandre, la ciboulette
pain blanc ou baguette et beurre (facultatif)

Dans une grande marmite, ajoutez un grand verre d'huile d'olive, l'oignon, l'ail, le poireau, les carottes, le céleri et une grosse pincée de sel et faites-les suer à feu moyen, en remuant de temps en temps, pendant 20 min, jusqu'à ce que vous puissiez écraser délicatement les carottes avec votre cuillère.

Ajoutez la purée de tomates et faites cuire encore 1 min en remuant. Versez le vin blanc et laissez réduire de moitié. Ajoutez ensuite les tomates, les feuilles de laurier et 200 ml d'eau. Portez à nouveau à ébullition, puis réduisez le feu, couvrez avec un couvercle ou une assiette et laissez mijoter pendant encore 20 min.

Salez et poivrez généreusement le poisson coupé en dés. Ajoutez-le dans la marmite, couvrez et laissez cuire encore 5 min, puis ajoutez toutes vos moules dans la même marmite et couvrez à nouveau. Secouez bien le récipient d'un côté à l'autre, puis laissez mijoter pendant 5 min environ. Remuez soigneusement et assurez-vous que les moules se sont toutes ouvertes. Laissez cuire un peu plus longtemps si nécessaire. Éteignez le feu et jetez les moules encore fermées. Retirez les feuilles de laurier.

Terminez par les herbes hachées et mélangez une fois, en veillant à ne pas briser le poisson. Assaisonnez de sel et d'un filet d'huile d'olive, et dégustez avec du pain blanc ou de la baguette et du beurre, si vous le souhaitez.

Maquereau poêlé avec pommes de terre nouvelles écrasées aux herbes et aux olives vertes

J'ai pêché mon premier maquereau alors que je travaillais dans un hôtel cinq étoiles à Saint David's, sur la côte ouest du Pays de Galles, au cours de l'été 2008. Un jour, j'ai demandé au gardien de l'hôtel comment pêcher le maquereau. Il m'a dit où se trouvait la meilleure plage, y compris le rocher précis. Avec d'autres chefs, nous avons emprunté une canne à pêche bon marché et quelques hameçons, et nous sommes partis. Au deuxième lancer, j'ai eu une prise. Nous nous sommes faufilés dans la cuisine du restaurant après le service ce soir-là, après le départ du chef cuisinier et de tout le personnel, et nous avons cuisiné le poisson. Il y a toujours un endroit où pêcher ; il suffit de demander aux gens du coin.

Pour 2 personnes

500 g de pommes de terre nouvelles
un filet d'huile d'olive
2 maquereaux entiers, d'environ 250 g chacun, coupés en filets (avec la peau)
2 cuil. à soupe de beurre ou d'huile d'olive
une petite poignée d'herbes douces, comme le persil, l'aneth, la ciboulette (ou un mélange), hachées
2 oignons nouveaux, finement émincés
1 cuil. à soupe de câpres, égouttées
2 cuil. à soupe d'olives vertes dénoyautées, hachées (les Gordal sont nos préférées)
le zeste râpé et le jus de 1 citron
sel et poivre noir fraîchement moulu

Ajoutez les pommes de terre à un faitout d'eau froide avec une grosse pincée de sel, puis portez à ébullition et faites cuire jusqu'à ce qu'elles soient tendres. Égouttez-les et gardez-les au chaud dans le même faitout.

Faites chauffer une grande poêle à frire antiadhésive, versez un filet d'huile d'olive, puis ajoutez les filets de maquereau, côté peau vers le bas, et réduisez le feu à une température moyenne-élevée. Faites-les frire jusqu'à ce qu'ils soient presque entièrement cuits, soit environ 6 min. Baissez un peu le feu si la peau devient trop foncée, mais ne bougez pas les filets dans la poêle.

Pendant la cuisson du maquereau, écrasez légèrement à la fourchette vos pommes de terre dans leur faitout. Ajoutez le beurre ou l'huile d'olive en remuant, puis les herbes, les oignons nouveaux, les câpres et les olives. Ajoutez la moitié du jus de citron et tout le zeste, puis assaisonnez de sel et de poivre.

Terminez la cuisson du maquereau en le retournant pour qu'il cuise pendant les 10 dernières secondes environ, en ajoutant le reste du jus de citron.

Pour dresser le plat, faites un monticule de pommes de terre écrasées sur chaque assiette et recouvrez des filets de maquereau frits et de tout le jus de la poêle. Servez avec des légumes-feuilles ou une salade d'accompagnement pour un repas plus substantiel.

Tagliatelles pour un soir de fête

Ce plat est devenu l'un de nos favoris. Il s'agit d'une combinaison classique de poisson fumé, de crème et d'aneth. À servir avec beaucoup de poivre noir concassé et un verre de vin blanc frais. Vous trouverez de la truite fumée dans de nombreux magasins agricoles, épiceries fines et poissonneries, mais vous pouvez également utiliser du saumon ou du maquereau fumé, si vous préférez.

Pour 2 personnes

1 courgette
1 cuil. à soupe d'huile d'olive, plus un filet supplémentaire
2 gousses d'ail, finement émincées
½ échalote longue ou petit oignon, finement émincée
250 g de tagliatelles, spaghettis ou fettucine, séchées
50 ml de vin blanc (facultatif)
300 ml de crème épaisse entière (laitière ou végétale)
½ petit bouquet d'aneth, tiges finement hachées et feuilles hachées
300 g de filets de truite ou de saumon fumés à chaud ou à froid, sans peau, émiettés
sel et poivre noir fraîchement moulu
parmesan fraîchement râpé ou paillettes de levure, pour finir (facultatif)

Faites bouillir un faitout d'eau pour les pâtes et ajoutez 2 cuil. à café de sel.

Préparez la courgette en la coupant en deux dans le sens de la largeur, puis en la tranchant ou en l'épluchant en fines lamelles imitant les pâtes, à l'aide d'une mandoline ou d'un épluche-légumes, si possible. Réservez.

Maintenant, sortez une sauteuse, placez-la sur un feu moyen, ajoutez l'huile d'olive, l'ail et une pincée de sel et faites cuire pendant 1 min, puis ajoutez l'échalote ou l'oignon et faites cuire doucement pendant 5 min, sans coloration. Ajoutez un peu d'eau dans la sauteuse si le mélange commence à se colorer.

Pendant ce temps, ajoutez un filet d'huile d'olive et vos pâtes dans le faitout d'eau bouillante salée et faites-les cuire selon les instructions du paquet jusqu'à ce qu'elles soient *al dente*.

Pendant que les pâtes finissent de cuire, réduisez à feu moyen l'oignon et l'ail et ajoutez le vin blanc, si vous en utilisez. Faites réduire de moitié, puis ajoutez la crème. Sinon, ajoutez simplement la crème et portez à ébullition. Égouttez les pâtes cuites, en conservant une tasse d'eau de cuisson.

Ajoutez l'aneth (tiges et feuilles), la courgette et le poisson émietté dans la sauteuse avec la sauce à la crème et les pâtes. Portez à nouveau à ébullition, en remuant avec des pinces, et ajustez la consistance en utilisant l'eau réservée pour les pâtes. Assaisonnez de sel et d'une bonne dose de poivre.

Répartissez les pâtes dans deux bols et finissez en saupoudrant un peu de parmesan ou de levure nutritionnelle, si vous le souhaitez.

Moules à la salicorne et pain à l'ail poêlé

Les moules sont considérées comme une excellente source durable de protéines. Contrairement aux poissons d'élevage, elles n'ont pas besoin d'être nourries et sont des filtres naturels pour les eaux dans lesquelles elles poussent (elles sont généralement cultivées sur des cordes). Elles sont également délicieuses avec une multitude de sauces et très rapides à préparer. Si vous souhaitez un accompagnement sans gluten, achetez des frites fraîches dans un magasin local, s'il y en a un près de chez vous.

Pour 2 personnes

Pour le pain à l'ail
3 gousses d'ail pelées
une pincée de sel
2 cuil. à soupe de beurre, ramolli
3 cuil. à soupe de feuilles de persil, grossièrement hachées (facultatif)
1 pain ciabatta de 15 cm

Pour les moules
1 cuil. à soupe de beurre ou d'huile d'olive
1 échalote longue, émincée
une pincée de sel
1 kg de moules fraîches en coquille, épluchées (voir le conseil du chef) et bien rincées à l'eau froide (jeter celles qui ne se referment pas lorsqu'on les frappe fortement)
100 g de salicorne des marais, extrémités coriaces enlevées (on la trouve généralement sur la côte sud-est de l'Angleterre à partir du mois de mai – voir page 149 – ou achetée dans les grands supermarchés ou chez votre poissonnier)
200 ml de vin blanc
poivre noir fraîchement moulu

Tout d'abord, préparez votre pain à l'ail en hachant finement l'ail avec une pincée de sel pour former une pâte. Mélangez avec le beurre et le persil haché. Pratiquez six entailles régulières dans la largeur de la ciabatta, presque jusqu'au fond, puis étalez un peu de beurre à l'ail sur un côté de chaque tranche de pain entre chaque entaille.

Étalez un peu le pain dans une grande poêle à frire antiadhésive pour que la chaleur pénètre dans les tranches beurrées ; le pain voudra se refermer, mais ne vous inquiétez pas trop. Placez ensuite un couvercle ou un saladier sur le dessus, ou couvrez hermétiquement avec du papier d'aluminium. Faites cuire à feu très doux pendant 3 à 5 min. Retirez délicatement le saladier ou le « couvercle » en papier d'aluminium et retournez le pain sur l'autre face, puis faites cuire pendant 3 à 5 min supplémentaires jusqu'à ce qu'il soit croustillant et doré des deux côtés. Éteignez le feu, couvrez à nouveau et réservez pendant la cuisson des moules.

Placez un faitout sur un feu moyen. Ajoutez le beurre ou l'huile d'olive et l'échalote avec une pincée de sel et faites cuire jusqu'à ce qu'elle soit tendre, environ 1 min.

Augmentez le feu et ajoutez les moules, la salicorne et le vin blanc. Placez un couvercle ou une assiette sur le dessus. Secouez bien le faitout, puis laissez cuire à la vapeur pendant 2 min. Remuez ensuite délicatement pour vous assurer que toutes les moules ont suffisamment de place pour s'ouvrir. Remettez le couvercle et laissez cuire encore 1 min. Jetez les moules qui restent fermées. Répartissez les moules dans deux bols et servez avec les tranches de pain à l'ail frit. Assaisonnez selon votre goût et dégustez.

Conseil du chef *Il n'y a pas grand-chose à faire pour enlever la barbe des moules : il suffit de tirer vers le haut sur les fils qui pendent des coquilles jusqu'à ce qu'ils se détachent, puis de les jeter.*

Salade de lentilles du Puy et de tomates avec mozzarella di bufala

Des lentilles cuites, assaisonnées d'un vinaigre de bonne qualité et d'huile d'olive, constituent une base fantastique pour un plat principal de poisson ou de viande, ou pour une grande salade comme celle-ci. Les lentilles du Puy sont la variété verte que l'on trouve généralement dans les supermarchés et les magasins de produits diététiques ; elles ont une saveur subtilement poivrée. Elles sont riches en protéines, rapides à cuisiner et délicieuses.

Pour 2 personnes en salade ou pour 4 personnes en entrée

250 g de lentilles du Puy séchées, rincées et égouttées
3 tomates mûres, grossièrement hachées
¼ d'échalote longue ou d'oignon rouge, finement hachée
1 gousse d'ail, finement hachée avec une pincée de sel
1 branche de céleri, finement hachée
3 cuil. à soupe d'huile d'olive, plus un supplément pour servir
3 cuil. à soupe de xérès, de vin rouge ou de vinaigre balsamique
une petite poignée d'herbes douces, comme le persil, la ciboulette ou le basilic (ou un mélange), grossièrement hachées (facultatif)
sel, fleur de sel et poivre noir fraîchement moulu
2 boules de mozzarella di bufala, égouttées, et laissées entières, tranchées ou coupées en morceaux (voir l'astuce du chef)

Ajoutez les lentilles et 750 ml d'eau froide dans un faitout. Portez à ébullition, puis réduisez le feu à un mijotage, couvrez et laissez cuire pendant 15 min, en remuant une ou deux fois. Éteignez le feu et laissez le couvercle pendant au moins 5 min, le temps que l'eau soit absorbée.

Pour la salade, mélangez les lentilles cuites dans le même faitout ou dans un saladier avec le reste des ingrédients, à l'exception de la mozzarella. Assaisonnez de sel et de poivre.

Cette salade de lentilles est meilleure servie chaude ou à température ambiante (voir l'astuce du chef).

Répartissez la salade dans deux assiettes et garnissez chaque portion de mozzarella (entière, en tranches ou en morceaux), puis assaisonnez de poivre, de fleur de sel et d'un filet d'huile d'olive.

Conseil du chef *La feta peut très bien remplacer la mozzarella, si vous préférez. Remplacez simplement la mozzarella par 200 g de feta, coupée en dés ou en tranches.*

Cette salade de lentilles peut être préparée jusqu'à un jour à l'avance. Préparez-la comme indiqué ci-dessus, laissez-la refroidir, puis conservez-la au réfrigérateur dans une boîte hermétique ou un bol couvert. Le lendemain, laissez-la revenir à température ambiante avant de la servir.

Conchiglioni au chou et au beurre de miso avec piment et citron

Mes amis Italiens peuvent être un peu puristes en ce qui concerne leurs pâtes – ils en sont fiers, et à juste titre, compte tenu de leurs traditions régionales et de leur respect considérable pour la qualité de leurs produits. Ce plat reprend la technique d'un plat de pâtes classique et simple avec une sauce émulsionnée à l'huile d'olive et à l'eau des pâtes, et fait appel à un peu de pâte de miso pour donner un coup de fouet umami. Utilisez de l'huile d'olive à la place du beurre pour une version à base de plantes.

Pour 4 personnes

2 cuil. à café de sel
2 cuil. à soupe d'huile d'olive, plus un filet supplémentaire
1 tête de chou vert (n'importe quelle variété), environ 500 g, sans le trognon
4 gousses d'ail, finement émincées
1 cuil. à café de flocons de piment ou 2 piments rouges frais, finement hachés
500 g de pâtes conchiglioni *séchées ou d'autres pâtes séchées*
2 cuil. à soupe de pâte de miso blanc
2 cuil. à soupe de beurre (ou d'huile d'olive pour une version à base de plantes)
le zeste râpé et le jus de 1 citron
sel et poivre noir fraîchement moulu
parmesan fraîchement râpé ou paillettes de levure, pour finir (facultatif)

Commencez par mettre un faitout d'eau à bouillir, ajoutez les 2 cuil. à café de sel et un filet d'huile d'olive. Coupez le chou en morceaux carrés de taille égale, d'environ 5 cm chacun, et gardez-les de côté.

Faites revenir l'ail avec les 2 cuil. à soupe d'huile d'olive et une pincée de sel dans une grande poêle à frire antiadhésive à feu moyen-élevé pendant 1 min, puis ajoutez les flocons de piment ou les piments hachés, en remuant pour les mélanger à l'ail.

Ajoutez ensuite le chou et une autre pincée de sel, puis réduisez le feu à doux pendant que vous commencez à faire cuire vos pâtes. Faites cuire ces dernières dans le faitout d'eau bouillante salée selon les instructions du paquet, jusqu'à ce qu'elles soient *al dente*.

Quand les pâtes ont cuit environ 5 min, transférez environ 150 ml de leur eau de cuisson bouillante dans un petit bol ou une cruche et mélangez avec la pâte de miso et le beurre (ou l'huile d'olive) à l'aide d'une fourchette ou d'un fouet. Ajoutez le tout au chou, mélangez et faites cuire à feu doux pendant 2 min, puis éteignez le feu et attendez que les pâtes finissent de cuire.

Une fois cuites, égouttez-les, en réservant cette fois environ 50 ml d'eau de cuisson. Ajoutez les pâtes et l'eau de cuisson réservée au mélange de chou et mélangez bien. Assaisonnez avec du sel, du poivre et le zeste ainsi que le jus de citron, puis saupoudrez un peu de parmesan ou de levure sur le dessus, si vous le souhaitez.

Soupe SBST

Spicy, brothy, sour tomato soup (« soupe de tomates épicée, bouillonnante et aigre »). Cette méthode est basée sur une recette de soupe *tom yum* que j'ai apprise en voyageant en Thaïlande et au Cambodge. Il s'agit d'un plat réconfortant et d'une démonstration de la façon de donner du goût à un bouillon.

Pour 2 personnes

Pour le bouillon

2 cuil. à soupe de pâte de tamarin
1 cuil. à café de flocons de piment ou 1 piment rouge frais, grossièrement haché
3 gousses d'ail, avec la peau, écrasées
2 morceaux de gingembre frais de la taille d'un pouce, avec la peau, grossièrement hachés
1 échalote longue, hachée grossièrement
2 tiges de citronnelle, racines enlevées, chaque tige coupée en trois et écrasée avec le dos d'un couteau
une grosse pincée de sel
1 cuil. à soupe d'huile neutre, d'olive ou de noix de coco
250 g de crevettes fraîches crues, têtes enlevées et réservées, décortiquées (facultatif)

Pour l'assaisonnement

3 cuil. à soupe de sauce de poisson, ou le jus de 1 citron vert et un peu de sel
1 cuil. à café de poudre de piment ou de sauce pimentée
1 cuil. à soupe de pâte de tamarin
2 cuil. à soupe de sauce soja
le jus de 1 citron vert

Pour le reste

200 g de nouilles sèches de votre choix
2 tomates italiennes, coupées en quatre
crevettes crues décortiquées (mises de côté à l'étape du bouillon, le cas échéant)
1 pak choi ou une petite poignée d'autres légumes verts, tels que les épinards, les bettes à carde ou le chou kale, hachés (facultatif)
une petite poignée de coriandre, grossièrement hachée

Pour le bouillon, mélangez la pâte de tamarin et 1 litre d'eau dans une cruche ou un bol et réservez.

Dans un faitout, ajoutez tous les autres ingrédients du bouillon, à l'exception de l'eau de tamarin et des crevettes. Faire frire à feu moyen-vif pendant 5 min.

Ajoutez ensuite l'eau de tamarin et les têtes de crevettes (le cas échéant). Portez à ébullition, puis réduisez le feu, couvrez d'un couvercle ou d'une assiette et laissez mijoter pendant 20 min.

Filtrez le bouillon dans une autre casserole ou un grand saladier, en jetant tous les légumes et les têtes de crevettes (le cas échéant). Si vous n'avez pas de passoire, vous pouvez décanter le liquide avec le couvercle ou une assiette posée sur la marmite.

Mélangez les ingrédients de l'assaisonnement dans un petit bol, puis incorporez-le au bouillon filtré et réservez.

Faites cuire les nouilles de votre choix selon les instructions figurant sur l'emballage (voir aussi page 12), puis égouttez-les et répartissez-les dans deux grands bols.

Pendant ce temps, remettez la casserole de bouillon filtré sur le feu, ajoutez les tomates, les crevettes (le cas échéant) et le pak choi ou les légumes verts (le cas échéant) et portez à nouveau à ébullition, puis laissez mijoter pendant 1 min ou jusqu'à ce que les crevettes (le cas échéant) deviennent à peine roses. Versez le bouillon sur les nouilles, saupoudrez de coriandre hachée et servez.

Bouillon de coco « The Kitchen » avec légumes de saison

The Kitchen, sur l'île d'Orcas, est l'un de nos restaurants préférés. Les copropriétaires Charles Dalton et Jasmine Townsend y servent d'incroyables plats panasiatiques du nord-ouest qui font la part belle aux légumes biologiques, à la viande élevée sur l'île et au poisson pêché localement. Vous débarrassez vous-même vos plats, à la manière d'une cantine. Les assiettes en papier sont compostées et le reste est destiné à la ferme locale. Un modèle de restaurant durable.

Pour 2 personnes

Pour le bouillon

1 échalote longue, hachée
2 gousses d'ail, écrasées
un morceau de gingembre frais de la taille d'un pouce, pelé et râpé ou haché
1 piment vert frais, haché
10 brins de coriandre, tiges finement hachées, feuilles conservées pour la garniture
1 cuil. à soupe d'huile de coco
2 tiges de citronnelle, grossièrement hachées
8 feuilles de citron vert kaffir, déchirées, ou le zeste râpé de 1 citron vert
1 tomate, coupée en morceaux
1 boîte de 400 g de lait de coco
le jus de 1 citron vert
1 cuil. à soupe de sauce de poisson, ou le jus de 1 citron vert supplémentaire et un peu de sel
1 cuil. à soupe de sauce soja
sel

Pour servir

300 g de légumes de saison au choix, tels que des fleurettes de chou-fleur ou de brocoli crues, des légumes-racines cuits ou des légumes-feuilles crus, grossièrement coupés.
1 cuil. à soupe d'huile de coco ou d'huile d'olive
une pincée de sel
250 g de nouilles sèches de votre choix (nous recommandons les nouilles plates de riz brun)

Garniture et finition

2 cuil. à soupe de graines de courge
1 cuil. à soupe de sauce soja
1 citron vert, coupé en quartiers
huile de sésame à l'ail et au piment (voir page 130) ou sauce pimentée (facultatif)

Tout d'abord, préparez le bouillon en faisant suer l'échalote, l'ail, le gingembre, le piment et les tiges de coriandre dans l'huile de coco avec une pincée de sel dans un faitout, à feu moyen pendant 5 min. Ajoutez la citronnelle, les feuilles de citron vert kaffir, la tomate, le lait de coco et 500 ml d'eau, portez à ébullition, puis réduisez le feu, couvrez et laissez mijoter pendant 45 min, en remuant de temps en temps.

Pendant que votre bouillon mijote, pour la garniture, faites frire à sec vos graines de courge dans une grande poêle antiadhésive à feu moyen jusqu'à ce qu'elles commencent à éclater, environ 2 à 3 min. Déglacez-les avec la sauce soja pendant 30 s, puis versez-les dans un plat et mettez-les de côté.

Ensuite, faites cuire vos légumes de saison dans la même poêle avec l'huile de coco ou d'olive, une pincée de sel et un filet d'eau, avec un couvercle, à feu moyen-vif pendant 1 à 2 min. Mettez-les de côté et gardez-les au chaud pour les servir plus tard. Si vous n'utilisez que des légumes-feuilles, vous pouvez les incorporer au bouillon 2 min avant de servir.

Ensuite, faites cuire les nouilles de votre choix selon les instructions figurant sur l'emballage (voir aussi page 12), puis égouttez-les et répartissez-les dans deux bols.

Pour terminer le bouillon, ôtez la citronnelle et les feuilles de tilleul de la casserole (vous pouvez également filtrer tous les autres morceaux pour obtenir un bouillon lisse, si vous préférez) et assaisonnez avec le jus de citron vert, la sauce de poisson (ou du jus de citron vert supplémentaire et du sel), de la sauce soja, et du sel, selon votre goût.

Pour le montage, versez le bouillon chaud sur les nouilles. Ajoutez les légumes dans les bols, puis garnissez avec les graines de courge grillées, les feuilles de coriandre réservées et un quartier de citron vert, et terminez par un filet d'huile de sésame à l'ail et au piment ou de sauce chili (si vous en utilisez). Dégustez « à la façon The Kitchen », avec des baguettes et une cuillère.

Conseil du chef

Pour un plat plus consistant, ajoutez également des protéines cuites au bouillon, si vous le souhaitez. Ajoutez environ 300 g de crevettes crues décortiquées ou de filets de saumon sans peau au bouillon terminé, puis portez-le à nouveau à frémissement et faites-le cuire pendant 3 à 5 min. Cassez le saumon cuit en gros flocons avant de le servir.

Le burger vegan

En tant que chef cuisinier, j'ai aimé relever le défi de préparer une recette de hamburger vegan attrayante et très savoureuse que les amateurs de viande apprécieront à sa juste valeur. Si vous optez plutôt pour un hamburger de bœuf ou de chevreuil, vous pouvez simplement copier la sauce pour hamburger et les garnitures indiquées ci-dessous pour préparer un hamburger classique à l'américaine.

Pour 4 hamburgers

Pour les hamburgers
4 cuil. à soupe d'huile d'olive
400 g de champignons, finement coupés en dés
4 gousses d'ail, émincées
2 cuil. à soupe de sauce soja
1 cuil. à café de paprika fumé
1 boîte de 400 g de haricots noirs, égouttés
80 g de chapelure sèche ou de farine de pois chiches
sel et poivre noir fraîchement moulu

Pour la sauce du hamburger
4 cuil. à soupe de ketchup de tomates
6 cuil. à soupe de mayonnaise (ordinaire ou vegan)
1 cuil. à soupe de moutarde (au choix)
3 cuil. à soupe de cornichons, hachés
¼ d'oignon rouge, finement haché
une pincée de sel

Pour les garnitures
1 grosse tomate, coupée en tranches
½ oignon rouge, coupé en fines rondelles
1 laitue Little Gem, feuilles finement détaillées en lanières

Pour servir
4 tranches de fromage ordinaire ou vegan (facultatif)
4 pains à hamburger de votre choix, coupés en deux (traditionnellement des pains briochés, ou utiliser des petits pains vegan)

Pour les hamburgers, faites chauffer 1 cuil. à soupe d'huile d'olive dans une grande poêle à frire antiadhésive à feu vif. Ajoutez les champignons et l'ail avec une pincée de sel et faites cuire, en remuant de temps en temps, pendant 5 min. Ajoutez la sauce soja et le paprika fumé, remuez et éteignez le feu.

Placez les haricots noirs dans un bol moyen et écrasez-les à l'aide d'une fourchette. Ajoutez le mélange de champignons, la chapelure ou la farine de pois chiches et 1 cuil. à soupe d'huile d'olive et mélangez jusqu'à ce que le tout soit bien homogène. Goûtez et rectifiez l'assaisonnement si nécessaire.

À la main, divisez le mélange en quatre et donnez à chaque portion la forme d'une galette. Placez sur une assiette et laissez reposer au réfrigérateur pendant au moins 10 min.

Pour la cuisson, faites chauffer une autre cuillerée à soupe d'huile d'olive dans votre poêle à feu vif et ajoutez vos galettes, ou placez-les directement sur un gril ou un barbecue chaud. Réduisez le feu à moyen si vous utilisez une poêle, faites cuire pendant environ 5 min, puis retournez-les, en ajoutant la dernière cuillerée à soupe d'huile d'olive, et faites-les cuire pendant 5 min de plus. Évitez d'écraser les galettes pendant la cuisson. Une fois cuites, elles doivent être joliment colorées et bien chaudes.

Si vous utilisez du fromage, recouvrez chaque galette d'une tranche lorsqu'elle est presque cuite. Éteignez le feu et gardez au chaud dans la poêle.

Pendant ce temps, mélangez tous les ingrédients de la sauce pour hamburger dans un bol. Préparez les garnitures en assaisonnant les tranches de tomates avec du sel et du poivre.

Faites griller les pains dans une autre poêle sèche à feu vif, jusqu'à ce que les côtés coupés soient légèrement grillés, ou faites-les griller sur le gril ou le barbecue.

Pour assembler, étalez votre sauce pour hamburger sur les pains grillés, ajoutez vos galettes et recouvrez de garniture. C'est l'heure du burger !

Spätzle et crème à l'ail

Ces boulettes à l'allemande sont très rapides et savoureuses, et sont servies avec une simple sauce à la crème à l'ail. Les spätzle sont formés à partir de petites cuillerées de pâte déposées dans de l'eau bouillante. Nous avons transformé cette recette traditionnellement préparée avec des œufs en une adaptation vegan, avec également les indications pour une version utilisant des œufs. Servez-les avec des légumes-feuilles ou une salade pour un repas plus consistant.

Pour 2 personnes

Pour les spätzle
300 g de farine type 00
un peu de noix de muscade, râpée (facultatif)
1 cuil. à café de sel
300 ml de boisson végétale, ou 250 ml de lait et 1 œuf
2 cuil. à soupe d'huile d'olive

Pour la crème à l'ail
2 cuil. à soupe d'huile d'olive
1 oignon, finement haché
5 gousses d'ail, finement hachées
1 cuil. à soupe de pâte de miso blanc
1 cuil. à soupe de farine ordinaire ou de farine type 00
100 ml de vin blanc
250 ml de boisson végétale ou de lait
sel

Pour servir
2 cuil. à soupe de paillettes de levure ou de parmesan fraîchement râpé
légumes-feuilles ou salade d'accompagnement (facultatif)

Tout d'abord, préparez la pâte à spätzle en mélangeant la farine, la noix de muscade (le cas échéant) et le sel dans un saladier, puis incorporez la boisson végétale (ou le lait et l'œuf) à l'aide d'un fouet jusqu'à obtention d'une pâte lisse. La pâte doit ressembler à une pâte à crêpes épaisse. Laissez-la reposer au réfrigérateur pendant que vous préparez votre sauce.

Commencez en versant l'huile d'olive dans une grande poêle antiadhésive et en faisant suer l'oignon et l'ail avec une pincée de sel à feu moyen pendant 5 à 7 min.

Ajoutez la pâte de miso et mélangez, puis incorporez la farine. Déglacez avec le vin blanc, faites cuire 1 min, puis versez la boisson végétale ou le lait. Mélangez bien, portez à nouveau à ébullition et laissez mijoter quelques minutes. Éteignez le feu et gardez au chaud jusqu'à ce que vous ayez préparé les spätzle.

Pour les spätzle, portez à ébullition un faitout d'eau avec une grosse pincée de sel.

Prenez votre pâte et, à l'aide de deux cuillères, faites-en tomber des morceaux dans l'eau bouillante, en recouvrant le fond du faitout (vous devrez la faire cuire en deux ou trois fois). Lorsque le faitout est plein, réglez votre minuteur et faites bouillir pendant 2 min. Retirez les spätzle à l'aide d'une écumoire et déposez-les sur une assiette ou dans un bol peu profond, puis arrosez-les d'huile d'olive pour éviter qu'ils ne collent. Faites cuire le reste de la pâte par lots jusqu'à ce que tout soit prêt. Conservez une tasse d'eau de cuisson avant de jeter le reste.

Terminez en ajoutant les spätzle à la crème à l'ail chaude et remuez-les pour les enrober, en ajoutant un peu d'eau de cuisson réservée si la sauce est trop épaisse, ou en laissant mijoter pour réduire la sauce (avant d'ajouter les spätzle), si elle est trop liquide.

Répartissez le mélange dans deux bols. Finissez avec la levure ou le parmesan et servez avec des légumes-feuilles ou une salade d'accompagnement, si désiré.

Chevreuil mariné, pommes de terre sautées et salade de chou

Les cerfs sont régulièrement abattus au Royaume-Uni et dans certaines régions des États-Unis, ce qui fait de la venaison une alternative durable au bœuf. En outre, elle est presque toujours élevée en plein air et constitue une source de protéines maigres. Nous la préparons toujours de la même manière avec une marinade au soja, à l'ail et au gingembre, puis nous la faisons cuire au barbecue ou à la poêle. Cela permet d'attendrir la viande et de lui donner une saveur naturelle et terreuse.

Pour 4 personnes

1 filet de chevreuil, d'un poids total d'environ 600 g-1 kg, coupé en portions de la taille souhaitée (généralement 150-250 g par personne), puis attendri en le frappant avec un rouleau à pâtisserie, une bouteille de vin ou un objet lourd

Pour la marinade

2 cuil. à soupe de sauce soja
2 gousses d'ail hachées
un morceau de gingembre frais de la taille d'un pouce, pelé et coupé en dés ou râpé
1 cuil. à soupe de cassonade douce, claire ou foncée, de miel ou de sirop d'érable
1 cuil. à café de vinaigre (de tout type)
1 cuil. à soupe d'huile neutre ou d'huile d'olive

Pour la salade

¼ de chou rouge, finement émincé (utilisez une mandoline, si vous en avez une)
½ oignon rouge, finement émincé
2 carottes, lavées et râpées
2 cuil. à soupe de yaourt nature ou de mayonnaise
le zeste râpé et le jus de 1 citron vert
1 cuil. à café de sel
50 g de noix crues, hachées (les noix de pécan sont idéales)

Pour les pommes de terre sautées

500 g de pommes de terre nouvelles
2 cuil. à soupe d'huile d'olive

Mettez tous les ingrédients de la marinade dans un sac alimentaire ou un plat adapté et mélangez, puis ajoutez les portions de venaison attendries et mélangez bien. Fermez le sac ou couvrez le récipient et laissez mariner au réfrigérateur pendant une nuit ou pendant au moins 1 h à température ambiante.

Pendant ce temps, mélangez tous les légumes préparés dans un grand saladier ou un faitout, puis ajoutez le yaourt ou la mayonnaise, le zeste et le jus de citron vert, le sel et les noix, en remuant le tout jusqu'à ce qu'ils soient uniformément enrobés. Réservez à température ambiante jusqu'à ce que tout le reste soit prêt.

Pour les pommes de terre sautées, suivez la recette de la page 13. Une fois prêtes, transférez les pommes de terre dans un bol ou une assiette et gardez-les au chaud. Utilisez la même poêle avec l'huile restante pour faire cuire la venaison (si vous cuisinez sur la cuisinière).

Ramenez la venaison marinée à température ambiante avant de la faire cuire, si nécessaire. Faites chauffer votre barbecue. Placez délicatement la venaison sur le gril au-dessus des braises chaudes, en la faisant cuire pendant environ 1 à 2 min de chaque côté pour une viande à point, jusqu'à ce qu'elle soit joliment carbonisée, ou faites-la cuire un peu plus longtemps, selon vos préférences. Retirez la viande du gril et laissez-la reposer pendant 2 min. Vous pouvez l'arroser avec la marinade pendant la cuisson, si vous le souhaitez, ou bien la faire chauffer dans une petite poêle jusqu'à ce qu'elle soit chaude.

Si vous faites cuire votre venaison sur la cuisinière, faites chauffer votre poêle à frire à feu vif jusqu'à ce qu'elle commence à fumer, puis ajoutez la venaison et la marinade dans la poêle, et faites cuire et reposer comme indiqué ci-dessus.

Répartissez la salade dans les assiettes et coupez la viande de chevreuil en fines tranches. Disposez les tranches de chevreuil sur la salade, ajoutez les pommes de terre sautées et arrosez-les du jus de la marinade cuite et du jus de la poêle pour la touche finale.

DESSERTS

Poire au barbecue avec sirop d'érable et glace

La saison des poires s'étend du début de l'automne à la fin du printemps. Cette méthode fonctionne particulièrement bien si vos poires ne sont pas encore tout à fait mûres, car la cuisson les ramollit un peu. Si vous cuisinez au barbecue, assurez-vous que votre grille est propre et que les braises sont bien chaudes. Vous pouvez également les faire cuire dans une poêle ou sur une plaque à griller.

Pour 2 personnes

1 grosse poire (environ 150 g)
50 g de noix
2 cuil. à soupe de sirop d'érable ou de miel
150 g de glace à la vanille ou de yaourt à la grecque (laitier ou végétal)

Il suffit de couper la poire en deux dans le sens de la longueur et d'enlever le cœur. Placez les moitiés, côté coupé vers le bas, sur votre barbecue chaud ou sur votre plaque de cuisson sèche et fumante préchauffée ou dans une grande poêle à frire antiadhésive et faites-les cuire à feu vif pendant 5 à 7 min jusqu'à ce qu'elles soient joliment colorées. Retournez-les délicatement et faites-les cuire pendant quelques minutes de plus pour obtenir des marques sur la peau.

Pendant que les moitiés de poire cuisent, faites torréfier les noix dans une petite poêle séparée à feu moyen pendant environ 2 à 3 min jusqu'à ce qu'elles soient légèrement colorées, puis retirez-les du feu et mettez-les de côté.

Pour servir, placez une moitié de poire dans chaque bol, arrosez de sirop d'érable ou de miel et répartissez les noix grillées sur le dessus.

À déguster avec des boules de glace à la vanille ou du yaourt à la grecque.

Riz au lait et mûres sauvages

Vous pouvez utiliser du riz Arborio ou du riz Bomba espagnol si vous ne trouvez pas de riz pour dessert. J'ai découvert le riz au lait (*rice pudding*) sur le tard, mais je l'adore maintenant comme dessert froid et subtilement sucré. Les repas scolaires mal préparés au Royaume-Uni sont probablement pour beaucoup dans sa mauvaise réputation, mais cette méthode vous fera, je l'espère, changer d'avis. Récoltez les mûres au début de l'automne ou servez-le avec une compote de fruits. Autre remarque : vous pouvez parfumer le pudding avec de l'extrait de vanille comme le veut la tradition, le laisser nature ou utiliser une herbe ou une fleur sauvage comestible telle que la

reine-des-prés, la fleur de sureau, la lavande ou le thym. Faites infuser l'herbe avec la crème et le lait en portant le tout à ébullition, puis éteignez le feu et laissez reposer pendant 1 h, avant de filtrer et de cuire le riz comme indiqué ci-dessous.

Pour 4 personnes

250 ml de lait ou de boisson végétale
250 ml de crème épaisse entière (laitière ou végétale)
100 g de riz pour dessert, Arborio ou Bomba
2 cuil. à soupe de sucre en poudre ou de sucre roux doux ou d'un autre sucrant tel que le miel ou le sirop d'agave
½ cuil. à café d'extrait de vanille (facultatif)
50 g de mûres fraîches ou de compote froide de fruits cuits ou compotés de votre choix (pommes, poires ou prunes, par exemple)

Pour la crème pâtissière (facultatif)
1 jaune d'œuf
1 cuil. à soupe de sucre en poudre
3 cuil. à soupe de crème épaisse entière (laitière ou végétale)
ou
4 cuil. à soupe de lait ou de crème épaisse entière (laitière ou végétale)

Versez le lait, la crème, le riz, le sucre ou autre, et l'extrait de vanille (le cas échéant) dans une petite casserole. Portez à ébullition, puis réduisez le feu et laissez mijoter pendant environ 20 min, en remuant une ou deux fois pour séparer le riz.

Pendant ce temps, préparez votre crème pâtissière (si vous l'utilisez) en fouettant le jaune d'œuf avec le sucre dans un saladier. Utilisez votre casserole de riz frémissante comme bain-marie en posant votre saladier dessus et continuez à fouetter pendant environ 3 à 5 min jusqu'à ce que le mélange œuf/sucre ait épaissi et doublé de volume (veillez à ce qu'il ne soit pas trop chaud, sinon l'œuf se brouillera). Incorporez ensuite la crème en fouettant jusqu'à ce qu'elle soit incorporée, puis continuez à chauffer et à fouetter jusqu'à ce que le mélange épaississe de nouveau. Retirez du feu et réservez pour l'ajouter plus tard au mélange de riz.

Lorsque le riz est très mou, éteignez le feu et mettez-le de côté pour qu'il refroidisse. Une fois le riz légèrement refroidi, vous pouvez incorporer la crème pâtissière aux œufs et la transférer dans un récipient, puis la laisser refroidir et la mettre au réfrigérateur pour la nuit. Si vous n'utilisez pas de crème pâtissière, mélangez simplement les 4 cuil. à soupe de lait ou de crème supplémentaires au riz pour le détendre, puis placez-le au réfrigérateur pendant la nuit (voir le conseil du chef).

Répartissez le riz au lait refroidi dans de petits bols, puis servez avec les mûres ou la compote de fruits sur le dessus.

Conseil du chef *Le riz au lait se conserve, couvert, au réfrigérateur jusqu'à 3 jours.*

Cranachan

Le *cranachan* est un dessert écossais composé de framboises enveloppées dans de la crème fouettée, avec du miel, de l'avoine grillée et du whisky. Quelle combinaison gagnante ! Traditionnellement, il était préparé pendant la récolte des framboises en été, ce qui lui donne un air de fête. Je l'aime aussi parce qu'il montre un côté plus léger de la cuisine écossaise. En Écosse, les framboises sauvages poussent dans les haies à la fin de l'été ; cherchez-les (et évitez les moucherons pendant la cueillette !).

Pour 4 personnes

75 g de flocons d'avoine pour porridge
50 ml de whisky de votre choix
350 ml de crème épaisse entière
2 cuil. à soupe de miel, de sirop d'érable ou d'un autre sucrant liquide
200 g de framboises fraîches

Trouvez 4 petits verres, ramequins ou tasses à thé.

Faites tremper les trois quarts des flocons d'avoine dans le whisky, idéalement pendant la nuit ou au moins pendant 1 h.

Versez la crème dans un saladier et fouettez-la à la main jusqu'à ce qu'elle forme des pics mous. Cela ne devrait pas prendre plus de 2 min. Une fois la crème légèrement fouettée, ajoutez le miel ou un autre sucrant et les framboises (gardez-en quelques-unes pour décorer) et incorporez-les délicatement.

Faites griller le reste des flocons d'avoine dans une poêle sèche et antiadhésive à feu vif jusqu'à ce qu'ils soient légèrement colorés, environ 1 à 2 min, puis laissez refroidir.

Pour le montage, mettez d'abord la moitié des flocons d'avoine imbibés de whisky dans les verres ou les ramequins, en les répartissant uniformément, puis superposez une partie du mélange framboises/crème, puis le reste des flocons d'avoine imbibés de whisky et le reste du mélange framboises/crème. Recouvrez avec les flocons d'avoine grillés et les framboises réservées, puis servez.

Conseil du chef *Le* cranachan *se conservera, couvert, au réfrigérateur, jusqu'à 2 jours.*

Figues « sous une couverture »

Dans la mythologie grecque, les figues sont associées à Dionysos, le dieu du vin et de l'hédonisme. C'est peut-être la raison pour laquelle elles se marient si bien avec un certain nombre de vins servis au dessert et de liqueurs. Notre préférée est l'amaretto. Pour cette recette, vous aurez besoin de deux grandes feuilles d'aluminium.

Pour 2 personnes

8 amaretti, biscuits aux amandes ou autres biscuits moelleux, plus des biscuits supplémentaires pour servir
4 figues mûres, coupées en deux
2 cuil. à soupe de miel, de sirop de dattes ou d'un autre sucrant liquide, plus un supplément pour servir
3 à 4 cuil. à soupe de vin rouge, plus 1 cuil. à soupe de Cointreau ou d'amaretto si vous en avez
6 cuil. à soupe de yaourt à la grecque ou de glace à la vanille (laitière ou végétale)

Commencez par préparer une grande enveloppe en papier d'aluminium. Étendez une feuille d'aluminium carrée d'environ 45 x 45 cm. Pliez-la en deux et faites trois plis serrés de chaque côté (gauche et droite). Retournez-la et faites trois plis serrés similaires sur la partie inférieure. Ouvrez la partie supérieure pour former une enveloppe destinée à contenir vos ingrédients.

Répartissez les biscuits dans l'enveloppe en papier d'aluminium et placez les moitiés de figues sur le dessus, puis arrosez de miel ou d'un autre sucrant et d'alcool. Repliez trois fois le dessus de l'enveloppe pour la fermer hermétiquement. Enveloppez l'enveloppe d'une autre grande feuille d'aluminium pour éviter qu'elle ne se déchire pendant la cuisson.

Placez l'enveloppe sur les braises incandescentes de votre barbecue ou de votre feu et laissez cuire pendant 6 min (voir page 15 pour les températures de cuisson au feu). Vous devez entendre un léger grésillement pendant toute la durée de la cuisson.

Une fois que tout est suffisamment gluant et bien chaud, défaites délicatement l'enveloppe et répartissez dans deux bols. Recouvrez de yaourt ou de crème glacée et émiettez d'autres biscuits sur le dessus.

Crèmes au chocolat noir

Il suffit d'une casserole et de quatre tasses à thé, petits verres ou ramequins (ou d'un plat plus grand, si vous préférez). Inutile d'acheter les versions du supermarché – celles-ci coûtent moins cher par portion et peuvent être entièrement à base de plantes si vous trouvez une tablette de chocolat noir brut et vegan.

Pour 4 crèmes

240 g de chocolat noir de bonne qualité
1 boîte de 400 g de lait de coco, ou 400 ml de lait
2 cuil. à soupe de sucre roux doux ou de sucre en poudre
1 cuil. à soupe de beurre (facultatif)
1 cuil. à soupe de pépites de cacao (facultatif)

Cassez le chocolat en petits morceaux et mettez-le dans un cul-de-poule.

Ensuite, versez le lait de coco ou le lait dans une petite casserole, ajoutez le sucre et portez à ébullition en remuant. Une fois le sucre complètement dissous, versez le lait chaud sur le chocolat, en fouettant ou en remuant avec une cuillère jusqu'à ce que le chocolat soit complètement fondu.

Incorporez le beurre (le cas échéant) jusqu'à ce que le mélange soit homogène. Cela donne à la crème une brillance soyeuse et l'aide à prendre.

Répartissez le mélange de chocolat dans des tasses à thé, des verres ou des ramequins, ou versez-le dans un grand plat à partager, en le garnissant de gruaux de cacao, le cas échéant. Placez au réfrigérateur ou dans une glacière pendant au moins 1 h avant de servir. Une fois refroidi, couvrez-le si vous ne le servez pas tout de suite.

Conseil du chef *Ces crèmes de chocolat se conservent, couvertes, au réfrigérateur jusqu'à 3 jours.*

Tiramisu facile (avec un expresso du bar du coin)

C'est le dessert préféré de Danny. L'année dernière, pour son anniversaire, j'ai voulu faire un tiramisu géant pour 30 personnes et il a été très apprécié (peut-être grâce à l'ajout de liqueur de noisette). Tout ce dont vous avez besoin, c'est d'un plat creux ou d'une boîte de conservation, d'un fouet, d'un bol à mélanger, d'une spatule/cuillère et d'un récipient décent ou de quelques pots de confiture/tasses à thé à fond large, ainsi que de temps pour que le tout prenne. Achetez un expresso dans un café proche si vous n'avez pas les moyens de faire un americano. *Tiramisu* signifie littéralement « remontant », je vous recommande donc d'ajouter une liqueur de dessert de votre choix – à déguster à côté ou dans le plat fini, comme nous l'avons fait il y a quelques années.

Pour 6 personnes

2 doses d'expresso (60 ml/4 cuil. à soupe), ou environ 1 cuil. à soupe (ou selon les instructions du paquet) de café soluble
200 ml d'eau bouillante (250 ml si vous utilisez du café soluble)
1 pot de 250 g de mascarpone
300 ml de crème épaisse entière
4 cuil. à soupe de sucre en poudre
4 cuil. à soupe de liqueur Kahlua, de liqueur Frangelico, de marsala ou de rhum noir (facultatif)
1 paquet de 200 g de biscuits à la cuillère – nous avons utilisé 18 biscuits – ou 200 g de génoise ou de gâteau de Madère, coupée en lanières

Pour décorer
1 cuil. à soupe de pépites de cacao
1 cuil. à café de cacao en poudre non sucré

Mélangez vos doses d'espresso ou de café soluble avec l'eau bouillante et versez le tout dans un plat peu profond ou dans une boîte de conservation.

Prenez le mascarpone, la crème et le sucre, et mélangez-les dans un saladier jusqu'à ce qu'ils soient lisses et aient la consistance d'une crème fouettée épaisse. Si vous l'utilisez, ajoutez l'alcool, une cuillerée à soupe à la fois, jusqu'à ce qu'il soit entièrement mélangé.

Prenez vos biscuits à la cuillère et roulez-les très rapidement dans le mélange café/liqueur pendant environ 2 à 3 s. L'essentiel est d'éviter de les détremper en les imbibant trop (s'il reste du mélange café/liqueur, vous pourrez soit en arroser la couche supérieure de biscuits à la cuillère, soit le boire).

Assemblez et superposez le dessert au fur et à mesure que vous imbibez les biscuits, dans le récipient de votre choix (nous utilisons notre boîte à sandwich, qui mesure 13 x 20 cm). Vous pouvez également préparer des portions individuelles dans 6 verres à fond large ou tasses à thé, si vous préférez. Commencez par une couche de biscuits imbibés, puis étalez la moitié de votre mélange de crème. Ajoutez une autre couche de biscuits imbibés et terminez avec le reste du mélange de crème. Décorez avec les pépites de cacao et la poudre de cacao tamisée, puis couvrez (s'il reste suffisamment d'espace au sommet du dessert pour le faire) et laissez prendre au réfrigérateur pendant au moins 2 h, ou idéalement toute une nuit.

Crème express au citron

Dans ce dessert britannique classique, le *lemon posset*, les acides des agrumes se lient aux protéines de la crème pour épaissir et fixer le mélange. Le citron est traditionnel, mais vous pouvez également essayer l'orange sanguine, le citron vert, la mandarine ou le pamplemousse. N'oubliez pas qu'il peut être nécessaire d'ajuster les quantités de jus pour chaque option – moins il y a d'acidité, plus vous devrez en utiliser.

Pour 2 grandes ou 4 petites crèmes dans des tasses à thé, des ramequins ou des petits verres.

300 ml de crème épaisse entière
30 g de sucre en poudre
zeste râpé et jus (environ 50 ml de jus) de 1 citron, ou zeste et jus d'un autre agrume (voir l'intro et l'astuce du chef)
biscuits sablés ou au gingembre, pour servir

Portez la crème et le sucre à ébullition dans une casserole à feu doux, en remuant pour vous assurer que le sucre est dissous.

Une fois que la crème est arrivée à ébullition, retirez du feu et incorporez tout le zeste et le jus de citron. Versez immédiatement dans les plats de votre choix et laissez refroidir à température ambiante. Une fois la crème refroidie, couvrez et réfrigérez pendant au moins 2 h ou jusqu'à ce qu'elle soit complètement prise.

Ne vous inquiétez pas si elle est un peu liquide, car il existe de nombreuses variables quant au degré de prise, en particulier si vous expérimentez avec les agrumes. Ce sera toujours un délicieux dessert froid et crémeux. Servez avec les biscuits de votre choix.

Conseil du chef *Si vous n'avez pas de râpe, épluchez ou coupez un peu le zeste du citron (en laissant la peau blanche) et coupez-le en petits dés à l'aide d'un couteau bien aiguisé.*

Crêpes de blé entier avec compote de pommes et crème à la cannelle

Ces crêpes légères et moelleuses, à base de blé entier, se marient parfaitement avec les saveurs classiques de pomme et de cannelle. Elles sont très rapides à réaliser et permettent d'utiliser les pommes un peu molles. Pour plus de facilité, vous pouvez préparer une grande quantité de compote à l'avance et utiliser ce dont vous avez besoin pour cette recette – le reste de la compote se conservera dans un récipient hermétique au réfrigérateur pendant au moins une semaine.

Pour 4 personnes (8 crêpes)

Pour la compote

4 grosses pommes à croquer ou 2 pommes à cuire (de préférence des Bramley)
40 à 60 g de sucre en poudre
le jus de 1 citron

Pour la pâte à crêpes

300 g de farine complète ou blanche ordinaire
2 cuil. à soupe de sucre en poudre ou autre sucrant, comme le miel ou le sirop d'agave
une pincée de sel
420 ml de lait ou de boisson végétale
3 œufs
1 cuil. à soupe de beurre fondu, ou d'huile neutre ou d'olive, plus 8 cuil. à café pour la cuisson des crêpes

Pour la crème à la cannelle

250 ml de crème épaisse entière
1 cuil. à soupe de sucre en poudre ou autre sucrant, comme le miel ou le sirop d'agave
½ cuil. à café de cannelle moulue

Commencez par préparer la compote. Épluchez et évidez les pommes, puis coupez-les en morceaux de taille égale. Ajoutez-les dans une casserole avec le sucre (utilisez les 40 g si vous utilisez des pommes à croquer ; utilisez la quantité complète si vous utilisez des pommes à cuire) et le jus de citron. Couvrez et faites cuire à feu moyen jusqu'à ce que les pommes soient tendres, environ 15 min. Mettez de côté et laissez refroidir.

Préparez votre pâte en mesurant la farine dans un saladier. Incorporez le sucre et le sel, creusez un puits au milieu et incorporez le lait et les œufs jusqu'à obtenir une pâte lisse, puis incorporez le beurre fondu ou l'huile en fouettant. Laissez reposer pendant 5 min.

Pour cuire les crêpes, faites chauffer 1 cuil. à café de beurre fondu ou d'huile dans une grande poêle à frire antiadhésive. Une fois qu'elle est chaude, ajoutez une louche de pâte, en inclinant la poêle de manière qu'elle couvre finement le fond de la poêle, puis faites cuire à feu moyen-élevé jusqu'à ce que les crêpes soient bien dorées des deux côtés, soit environ 1 min de chaque côté. Déposez-les dans une assiette et gardez-les au chaud, pendant que vous faites à cuire le reste des crêpes de la même manière, pour en faire 8 au total.

Pour préparer la crème à la cannelle, fouettez la crème avec le sucrant jusqu'à l'obtention de pics mous, puis incorporez délicatement la cannelle.

Pour le montage, déposez une généreuse cuillerée de compote de pommes froide sur chaque crêpe, roulez-les et servez-les nappées de crème à la cannelle.

Bananes au rhum flambé et à la crème de coco

Ce plat s'inspire d'un célèbre dessert américain de la Nouvelle-Orléans appelé Bananas Foster. Inventé dans les années 1950, il s'agit d'un plat très théâtral qui se prépare de préférence dans une casserole sur un feu de camp. Vous pouvez également le préparer dans une petite cuisine, mais veillez à verser l'alcool lentement pour maîtriser les flammes ! Le rhum peut être remplacé par n'importe quelle liqueur foncée, comme le bourbon ou le whisky.

Pour 2 personnes

30 g de beurre
60 g de sucre brun mou
2 bananes, pelées et coupées en deux dans le sens de la longueur
75 ml de rhum, de bourbon ou d'une liqueur foncée semblable
4 cuil. à soupe de crème de coco en conserve (voir le conseil du chef) ou de la glace à la noix de coco ou à la vanille
50 g de noix de macadamia ou de noix du Brésil, grossièrement hachées (voir le conseil du chef)

Prenez une poêle à frire à fond épais ou en fonte (ou une grande poêle antiadhésive) et placez-la sur un gril ou une grille au-dessus d'un feu ouvert ou sur votre réchaud de camping à feu vif. Faites fondre le beurre et le sucre ensemble, en remuant jusqu'à ce qu'ils soient bien mélangés.

Placez délicatement les bananes dans la poêle, côté coupé vers le bas, et poursuivez la cuisson en laissant le mélange sucre/beurre caraméliser. Retournez les bananes après quelques minutes.

Versez délicatement l'alcool et attendez que les flammes s'éteignent. Poursuivez la cuisson jusqu'à ce que tout soit bien sirupeux, environ 1 à 2 min.

Répartissez les bananes et la sauce caramel alcoolisée dans deux bols. Ajoutez deux cuillerées de crème de coco ou de glace dans chaque portion et saupoudrez de noix hachées sur le dessus.

À déguster immédiatement.

Conseil du chef *Conservez les restes de crème de coco dans un récipient hermétique au réfrigérateur pendant 3 à 5 jours. Utilisez-la pour napper un porridge ou incorporez-la dans un curry.*

Si vous le souhaitez, vous pouvez torréfier légèrement les noix avant de les servir. Grillez simplement les noix entières dans une poêle antiadhésive sèche à feu moyen pendant 2 à 3 min, puis déposez-les sur une assiette, laissez-les refroidir et hachez-les.

BOISSONS

Fizz au cynorrhodon

Un cocktail simple mais raffiné pour une fête, idéal si vous avez cueilli vos propres cynorrhodons (voir page 153) et fait votre propre sirop. Il suffit d'ajouter de l'eau gazeuse à la place du vin mousseux pour obtenir une version savoureuse et sans alcool.

Pour 1 personne

25 ml/5 cuil. à café de sirop de cynorrhodon (pour plus d'informations sur la fabrication de votre propre sirop, voir page 153)
environ 180 ml de vin blanc pétillant frais de votre choix, pour compléter le tout

Ajoutez le sirop de cynorrhodon dans un verre et complétez avec le vin mousseux refroidi. Dégustez !

Chocolat chaud épicé

Ajoutez un peu de piquant à votre chocolat chaud. Le piment et le chocolat sont des associations bien connues, et le chocolat chaud agrémenté d'épices est une boisson populaire au Mexique.

Pour 2 personnes

50 g de chocolat noir ou au lait de bonne qualité
2 cuil. à soupe de cacao en poudre non sucré
¼ de cuil. à café de piment de Cayenne
¼ de cuil. à café de cannelle moulue
600 ml de lait ou de boisson végétale
3 cuil. à café de sucre blanc ou brun doux ou autre sucrant, comme le miel, le sirop d'agave ou le sirop de dattes (facultatif)

Hachez le chocolat en petits morceaux et répartissez-le dans deux tasses.

Dans une petite casserole, ajoutez le cacao en poudre, le piment de Cayenne, la cannelle et un peu de lait, en mélangeant pour obtenir une pâte lisse, puis incorporez le reste du lait en fouettant jusqu'à ce que le tout soit homogène.

Portez à un léger frémissement, en remuant de temps en temps, puis incorporez le sucre ou autre (le cas échéant).

Versez le mélange de lait chaud sur le chocolat dans les tasses, mélangez bien et servez.

Cointreau sour en pots de confiture

Un cocktail simple mais élégant, et une bonne introduction à l'utilisation du blanc d'œuf, si vous n'avez jamais essayé.

Pour 2 personnes

100 ml (2 doubles shots) de Cointreau
le jus de 1 citron
le jus de 1 orange
1 blanc d'œuf, légèrement battu (juste assez pour le casser)
glaçons

Prenez deux pots de confiture propres et répartissez-y le Cointreau, les jus de citron et d'orange et le blanc d'œuf.

Ajoutez deux glaçons dans chaque pot, en laissant un peu de place en haut, formez avec le couvercle et secouez-le avec énergie.

Dévissez et dégustez directement dans le pot, ou filtrez dans deux verres ou tasses à l'aide d'une passoire à thé, en éliminant la glace avant de servir.

Thé à l'hibiscus et au gingembre

Nous avons découvert l'hibiscus dans les boutiques jamaïcaines de Deptford et Brixton, dans le sud de Londres, où nous vivons. Les Jamaïcains préparent un excellent punch de Noël à base de rhum, d'hibiscus (dans les Caraïbes, les fleurs d'hibiscus sont appelées « oseille »), de gingembre et de citron vert, mais l'hibiscus est également excellent sous forme de thé sans théine, seul ou avec du gingembre. L'hibiscus est très bénéfique pour la santé et regorge de vitamine C.

Pour 2 personnes

un gros morceau de gingembre frais de la taille d'un pouce, pelé
1 cuil. à soupe de fleurs d'hibiscus séchées
500 ml d'eau bouillante

Il suffit de râper le gingembre dans votre théière, d'ajouter les fleurs d'hibiscus séchées, puis de verser l'eau bouillante et de laisser infuser pendant environ 10 min. Filtrez le thé dans vos tasses ou mugs et servez. Ce thé est aussi bon chaud que froid.

Hailee Mary

Voici la recette gagnante du Bloody Mary de Hailee. Réaliser son propre mélange ne demande qu'un peu plus d'efforts et cela en vaut vraiment la peine.

Pour 8 personnes

un gros morceau de raifort frais de la taille d'un pouce, pelé et râpé
4 cuil. à soupe de sauce Worcestershire
2 cuil. à soupe de sauce pimentée
Le zeste râpé et le jus de 1 petit citron
2 cuil. à café de sel de céleri ou de sel, plus un supplément pour décorer
2 cuil. à café de poivre noir fraîchement moulu, plus un peu de poivre pour décorer
1 litre de jus de tomate
glaçons
500 ml de vodka
50 ml de vin rouge, de porto ou de xérès (facultatif)
2 citrons verts, coupés chacun en 4 quartiers
pickles ou légumes frais en tranches, tels que carottes, fenouil, céleri ou concombre (facultatif)

Dans un grand récipient de service, mélangez le raifort, la sauce Worcestershire, la sauce épicée, le zeste et le jus de citron, le sel de céleri et le poivre noir. Ajoutez le jus de tomate et mélangez bien. Couvrez et réfrigérez jusqu'à refroidissement, au moins 2 h ou idéalement toute la nuit.

Versez le mélange de jus de tomate dans huit verres remplis de glace. Ajoutez 4 cuil. à soupe (60 ml) de vodka dans chaque verre et remuez, puis complétez chaque verre avec un petit trait de vin rouge, de porto ou de xérès. Garnissez chaque verre d'une pincée supplémentaire de poivre et de sel, d'un quartier de citron vert et de quelques pickles ou légumes (si vous en utilisez).

Kombucha au bourbon

Il s'agit d'un excellent cocktail au whisky/bourbon. Si vous fabriquez votre propre kombucha, vous serez ravi de l'ajouter à ce cocktail ; sinon, un bon kombucha du commerce fera l'affaire – veillez simplement à utiliser un kombucha nature, non aromatisé.

Pour 1 personne

1 cuil. à café de miel (facultatif)
glaçons
50 ml (un double shot) de bourbon
250 ml de kombucha, fait maison ou en magasin

Versez le miel sur les glaçons dans une carafe et remuez jusqu'à ce que le mélange soit homogène. Versez le bourbon et complétez avec le kombucha. Verser dans un verre pour servir.

Michelada

Boisson mexicaine populaire et rafraîchissante, bonne pour une faible consommation d'alcool.

Pour 2 personnes

le jus de 4 citrons verts
2 cuil. à café de sauce pimentée, comme le Tabasco
1 cuil. à soupe de sauce soja
1 cuil. à soupe de sauce Worcestershire
2 cuil. à soupe de jus de tomate (ou de jus Clamato)
glaçons
2 bouteilles (330 ml) de bière blonde légère (Modelo est la meilleure)

Pour le bord pimenté/salé
2 cuil. à soupe de sel
1 cuil. à café de piment de Cayenne ou de piment moyen en poudre

Pour le bord pimenté/salé, mélangez le sel et le piment de Cayenne ou le piment en poudre dans un petit plat. Frottez un peu de jus de citron vert sur le bord de deux verres (vous pouvez aussi utiliser les peaux des citrons verts pressés) et trempez-les dans le mélange de piment et de sel.

Répartissez la sauce épicée, la sauce soja, la sauce Worcestershire, le reste du jus de citron vert et le jus de tomate (ou Clamato) dans vos verres. Ajoutez quelques glaçons dans chacun d'eux et remuez. Versez votre bière. Dégustez !

CONDIMENTS *et* ACCOMPA-GNEMENTS

Mayonnaise/aïoli

La mayonnaise maison est un véritable succès et il suffit d'un petit bol (ou d'une tasse), d'un fouet, de jaunes d'œufs et d'un peu d'huile pour la préparer.

Pour environ 300 ml

2 jaunes d'œufs (gardez les blancs pour une omelette ou un cocktail)
1 cuil. à café de moutarde, de préférence de Dijon
250 ml d'huile d'olive ou un mélange d'huile d'olive et d'huile neutre (telle que l'huile végétale, l'huile de tournesol ou l'huile de colza)
le jus de ½ citron
sel, selon le goût
1 gousse d'ail, pressée ou émincée en pâte avec une pincée de sel (pour l'aïoli)

Cette recette est plus facile à réaliser à deux. Muni d'un petit bol (ou d'une tasse) et d'un fouet, demandez à quelqu'un de tenir votre bol de façon que vous ayez les mains libres. Fouettez vigoureusement les jaunes d'œufs et la moutarde dans le bol, puis, goutte à goutte, ajoutez progressivement toute l'huile en fouettant jusqu'à ce qu'elle soit incorporée et épaississe. Vous allez fouetter pendant quelques minutes, ne vous précipitez donc pas pour ajouter l'huile.

Assaisonnez avec le jus de citron et le sel selon votre goût, puis incorporez l'ail, si vous voulez faire de l'aïoli.

Cette mayo se conserve jusqu'à 3 jours au réfrigérateur dans un bocal ou une boîte hermétiquement fermée (propre).

Vinaigrette classique

C'est bien de connaître la version classique, même si nous assaisonnons généralement nos feuilles dans l'assiette avec de l'huile d'olive extra-vierge et un vinaigre de bonne qualité pour économiser la vaisselle. Parfois, nous utilisons simplement de l'huile d'olive et du jus de citron. Les vinaigrettes toutes faites sont généralement pleines de sucre et représentent un coût inutile.

Pour 1 petit pot

2 cuil. à soupe de vinaigre de vin blanc, de cidre ou de vin rouge
6 cuil. à soupe d'huile d'olive
½ échalote, finement coupée
1 gousse d'ail, émincée
1 cuil. à café de moutarde de Dijon
sel et poivre noir fraîchement moulu

Mettez tous les ingrédients dans un pot de confiture propre, salez et poivrez selon votre goût, et secouez bien pour mélanger, ou fouettez dans un petit bol pour émulsionner.

Conservez dans le pot de confiture ou dans une boîte hermétique au réfrigérateur jusqu'à 2 semaines. Agitez ou fouettez avant utilisation.

Huile de sésame à l'ail et au piment

Une huile aromatisée très utile pour finir les currys et les plats asiatiques.

Pour 1 pot de confiture (environ 350 ml)

10 gousses d'ail, finement tranchées
100 ml d'huile neutre (tournesol, colza...)
200 ml d'huile de sésame
3 cuil. à soupe de flocons de piment

Faites revenir l'ail dans l'huile neutre dans une petite poêle à feu moyen jusqu'à ce qu'il soit doré et croustillant, environ 2 min. Ne le laissez pas brûler.

Lorsque l'ail est prêt, retirez-le du feu, ajoutez l'huile de sésame et les flocons de piment puis mélangez.

Versez dans un pot de confiture stérilisé, laissez refroidir, fermez et étiquetez, puis conservez au réfrigérateur jusqu'à 6 mois ou plus. Agitez ou fouettez avant utilisation.

Sauce salade au soja et au gingembre

C'est probablement la meilleure vinaigrette que j'aie jamais goûtée. Elle est très équilibrée.

Pour 1 petit pot

1 petite échalote, finement coupée en dés
un morceau de gingembre frais de la taille d'un pouce, pelé et finement haché ou râpé
1 gousse d'ail, émincée ou râpée
100 ml d'huile neutre (tournesol, colza...)
3 cuil. à soupe de sauce soja légère
1 ½ cuil. à soupe de vinaigre de riz
1 cuil. à soupe de ketchup

Placez tous les ingrédients dans un pot de confiture propre avec 1 cuil. à soupe d'eau et secouez, ou fouettez le tout dans un bol. Conservez dans le pot ou dans un récipient hermétique au réfrigérateur jusqu'à 2 semaines. Agitez ou fouettez avant utilisation.

Saupoudrage d'algues

Un assaisonnement japonais savoureux que vous pouvez préparer vous-même pour le riz ou les soupes et ragoûts salés.

Pour 1 petit pot

1 cuil. à soupe de graines de sésame
1 cuil. à soupe de nori ou d'algue dulse séchée
1 cuil. à café de sel de céleri
1 cuil. à café de flocons de piment
1 cuil. à café de paprika fumé

Tout d'abord, faites griller les graines de sésame. Mettez-les dans une poêle antiadhésive sèche et faites-les cuire à feu moyen-élevé pendant environ 1 min, jusqu'à ce qu'elles soient légèrement grillées. Déposez-les sur une assiette et laissez-les refroidir.

Écrasez, hachez ou réduisez en flocons les algues séchées.

Mélangez les graines de sésame grillées, les algues, le sel de céleri, les flocons de piment et le paprika dans un petit bol ou dans un récipient hermétique.

Ce produit se conserve dans un bocal (propre) hermétiquement fermé ou dans une boîte hermétique à température ambiante jusqu'à un an, voire davantage.

Dukkah aux graines de citrouille

Un assaisonnement polyvalent qui agrémentera les soupes, les ragoûts, les salades ou même le houmous.

Pour 1 petit pot

2 cuil. à soupe de graines de courge
2 cuil. à soupe de graines de sésame
2 cuil. à café de graines de cumin
2 cuil. à café de graines de coriandre
1 cuil. à café de fleur de sel

Faites griller les graines de courge dans une poêle sèche et antiadhésive à feu moyen jusqu'à ce qu'elles commencent à éclater, soit environ 2 min. Déposez sur une planche à découper et hachez-les grossièrement. Réservez dans un bol.

Ensuite, faites griller le reste des graines ensemble dans la même poêle à feu moyen, en les déplaçant constamment jusqu'à ce que les graines de sésame commencent à brunir (mais pas à brûler !) et que les épices commencent à dégager leur arôme parfumé, soit environ 2 min.

Ajoutez-les aux graines de courge ainsi que la fleur de sel et mélangez, puis conservez dans un pot de confiture propre ou une boîte hermétique à température ambiante jusqu'à un an ou plus.

Sauce nam jim

Notre sauce préférée pour les fruits de mer et comme dip.

Pour 1 petit pot

Pour la base

5 petits piments rouges ou verts, ou un mélange des deux
3 gousses d'ail, pelées
un morceau de gingembre frais de la taille d'un pouce, pelé
5 brins de coriandre, finement hachés
1 cuil. à soupe de sucre de palme (si vous n'en avez pas sous la main, utilisez du sucre roux doux, du sucre en poudre ou du sucre cristallisé)

Pour terminer

2 cuil. à soupe de sauce de poisson, ou le jus de 2 citrons verts et un peu de sel
le jus de 2-3 citrons verts
1 cuil. à soupe d'huile neutre ou d'huile d'olive (facultatif)

Pour la base, hachez les piments, l'ail et le gingembre en petits morceaux, puis ajoutez-les dans un pot de confiture ou un petit bol propre avec la coriandre et le sucre, et écrasez le tout avec l'extrémité d'un rouleau à pâtisserie ou d'une cuillère en bois (ou utilisez un pilon et un mortier si vous en avez à portée de main), jusqu'à ce que les piments soient brisés, mélangés et qu'une pâte commence à se former.

Incorporez la sauce de poisson (ou le jus de citron vert supplémentaire et le sel), le jus de citron vert et l'huile, le cas échéant.

Conservez dans le pot de confiture ou dans une boîte hermétique au réfrigérateur jusqu'à 2 semaines. Agitez ou fouettez avant utilisation.

Sauce pimentée fermentée

Il s'agit simplement d'une grande quantité de piments frais hachés et placés dans un bocal avec une solution d'eau salée, que l'on laisse ensuite fermenter à température ambiante jusqu'à ce qu'ils soient prêts. Cette sauce piquante se marie bien avec les œufs cuits ou relève les currys, les soupes et les sautés.

Pour 1 pot

une poignée de longs piments rouges frais (environ 6 à 8), finement hachés
1 gousse d'ail, finement hachée
sel fin
1 feuille de chou

Placez un pot de confiture propre et vide ou une boîte hermétique sur votre balance et réglez la tare à zéro. Mettez les piments et l'ail hachés dans le pot de confiture ou la boîte et couvrez d'eau froide. Notez le poids total des ingrédients (y compris l'eau), puis multipliez ce chiffre par 0,03. Pesez cette quantité de sel et incorporez-la (ou secouez le tout une fois le couvercle en place). Par exemple, 500 g (poids total des ingrédients, y compris l'eau) x 0,03 = 15 g ou 1 cuil. à soupe de sel. La solution saline découragera toute bactérie indésirable et maintiendra un niveau de pH correct pour favoriser la lactofermentation.

Assurez-vous que les ingrédients ne dépassent pas le niveau de l'eau en les lestant avec un aliment tel qu'une feuille de chou, et mettez le couvercle.

Laissez fermenter (voir le conseil du chef) pendant 2 à 4 jours dans un endroit chaud, ou 1 à 2 semaines dans un endroit frais, en dévissant le couvercle de temps en temps pour le laisser « roter » (relâcher la pression de la fermentation).

Une fois que cela est devenu très mou et un peu odorant, filtrez presque tout le liquide et écumez les moisissures blanches (qui sont inoffensives et qui sont généralement de la levure Kahm). Transférez dans un bol et écrasez le mélange de piments avec le bout d'une cuillère en bois ou un rouleau à pâtisserie (ou utilisez un pilon et un mortier). Vous pouvez également le réduire en sauce liquide à l'aide d'un mixeur, si vous êtes équipé.

Conservez la sauce dans un pot de confiture stérilisé et scellé au réfrigérateur jusqu'à 3 mois environ.

Conseil du chef

La lactofermentation est un processus au cours duquel les bactéries décomposent les sucres des aliments et forment de l'acide lactique, ce qui donne à votre sauce piquante une profondeur de goût différente et un délicieux côté funky.

Vinaigrette au tahini, à l'ail et au citron

Utilisez cette vinaigrette comme dip, mélangée à du yaourt, ou pour assaisonner une salade de légumes.

Pour 1 petit pot

4 cuil. à soupe de tahini
2 cuil. à soupe d'huile d'olive
1 gousse d'ail, hachée en pâte avec une pincée de sel
le zeste râpé et le jus de 1 citron

Placez 100 ml d'eau froide et tous les ingrédients dans un pot de confiture propre et agitez ou fouettez le tout dans un petit bol jusqu'à ce que les ingrédients soient mélangés.

Conservez dans le bocal fermé ou dans une boîte hermétique au réfrigérateur jusqu'à une semaine. Agitez ou fouettez avant utilisation.

Citron vert et poivre noir

C'est tellement simple, mais tellement bon. Je n'arrivais pas à croire qu'il s'agissait simplement de ces deux ingrédients mélangés lorsque je l'ai essayé au Cambodge. On y cultive beaucoup de poivre, le plus apprécié étant le poivre de Kampot. Utilisez-le comme dip pour les viandes grillées au barbecue ou rôties, comme le poulet, ou pour les légumes grillés.

Il suffit de presser un peu de citron vert dans un petit plat ou un ramequin et d'y ajouter du poivre noir fraîchement moulu selon le goût, en quantité suffisante pour obtenir une pâte. Utiliser selon les besoins le jour de la préparation.

Sauce harissa

Je l'ai préparée pour la première fois lorsque je travaillais au restaurant Poco à Londres. Elle nous vient d'un grand chef ami, Tom Hunt, qui milite pour le zéro déchet et un système alimentaire réformé. J'ai un peu simplifié la recette pour les besoins du van, tout en conservant les caractéristiques originales.

Pour environ 5 pots de confiture de 300 ml (idéal comme cadeau)

1 bocal (environ 400 g) de poivrons rouges rôtis à l'huile, égouttés et finement hachés (réservez 2 cuil. à soupe d'huile)
3 oignons rouges, finement hachés
5 piments rouges frais, sans les graines et finement hachés, ou 2 cuil. à soupe de flocons de piment
2 têtes d'ail entières, gousses pelées et finement hachées
une pincée de sel
1 cuil. à soupe de paprika fumé
1 cuil. à café de cumin moulu
2 cuil. à soupe de vinaigre de cidre, de vin blanc ou de vin rouge
2 cuil. à soupe de vergeoise brune
1 pot de passata *de 1 litre (de préférence), ou 1 kg de tomates fraîches, sans le cœur, finement hachées ou mixées*

Dans un faitout, ajoutez 2 cuil. à soupe d'huile provenant du bocal de poivrons (le cas échéant), ou utilisez de l'huile d'olive, puis faites suer les oignons, les piments et l'ail avec une pincée de sel à feu moyen pendant environ 10 à 15 min, jusqu'à ce qu'ils soient très tendres et un peu caramélisés, en remuant fréquemment.

Ajoutez ensuite les deux épices moulues et mélangez le tout, puis ajoutez le vinaigre et la vergeoise, et mélangez le tout.

Retirez du feu et laissez refroidir, puis incorporez les poivrons hachés et la *passata* ou les tomates hachées.

Versez à la cuillère dans des pots à confiture stérilisés, scellez et étiquetez. La sauce peut être conservée au réfrigérateur pendant 3 ou 4 semaines.

Laitue Little Gem au barbecue et salade russe

On ne peut pas se tromper avec une salade de pommes de terre, surtout comme accompagnement d'un barbecue. La salade russe est la cousine copieuse de la salade de pommes de terre. Voici notre version avec des laitues Little Gem grillées.

Pour 4 personnes

1 kg de pommes de terre grenailles ou nouvelles
2 œufs
1 carotte, lavée et coupée en petits dés
50 g de haricots verts, finement hachés, ou 50 g de pois frais surgelés (décongelés) ou écossés
4 cuil. à soupe de cornichons ou de câpres, hachés
2 radis, coupés en dés (facultatif)
½ bouquet d'aneth ou de persil, haché
1 cuil. à soupe de moutarde de Dijon
environ 100 ml de mayonnaise ou de crème fraîche (laitière ou végétale)
le jus de ½ citron
1 laitue Little Gem, coupée en quatre, racine conservée
sel et poivre noir fraîchement moulu

Mettez les pommes de terre dans un faitout d'eau froide, portez à ébullition et faites cuire jusqu'à ce qu'elles soient tendres, en ajoutant les œufs dans le même faitout et en les faisant cuire pendant 6 min 30 s pour des œufs mollets. Une fois les pommes de terre cuites, retirez-les dans une assiette à l'aide d'une écumoire et mettez-les de côté pour qu'elles refroidissent (elles seront plus faciles à couper une fois froides). Retirez les œufs avec l'écumoire, en conservant l'eau chaude pour l'étape suivante, et plongez-les dans l'eau froide pour les refroidir, puis égouttez-les, écalez-les et coupez-les en morceaux.

Remettez l'eau chaude à bouillir (complétez si nécessaire). Ajoutez la carotte et faites cuire pendant 1 min, puis ajoutez les haricots verts ou les petits pois et faites cuire pendant 30 s. Égouttez et réservez.

Ensuite, coupez les pommes de terre en dés et ajoutez-les dans un saladier avec les cornichons, les radis et les herbes, les œufs coupés en morceaux et les légumes blanchis. Ajoutez la moutarde, la mayo ou la crème fraîche et le jus de citron, et mélangez juste assez pour lier le tout. Assaisonnez de sel et de poivre puis réservez.

Grillez rapidement les Little Gem en quartiers, côté coupé vers le bas, sur un barbecue chaud, ou dans une grande poêle à frire antiadhésive à feu vif pendant 1 min 30 s ou jusqu'à ce que les quartiers soient bien brunis.

Pour servir, étalez les feuilles des quartiers de Little Gem grillés et déposez un monticule de salade de pommes de terre sur le dessus.

Épis de maïs au beurre de piment

Le maïs est récolté au Royaume-Uni de septembre à novembre et devient de plus en plus populaire dans la culture locale. Le maïs en épi est très simple à préparer et constitue un excellent complément pour les barbecues de fin d'été. Vous pouvez préparer un beurre aromatisé ou le laisser nature, mais nous l'aimons bien avec un peu de piment.

Pour 4 personnes

75 g de beurre
1 cuil. à café de flocons de piment
1 cuil. à café de paprika fumé
une pincée de sel
4 épis de maïs dans leur enveloppe

Laissez ramollir le beurre dans un pot ou un petit bol placé au-dessus d'une casserole d'eau chaude (ou à température ambiante, s'il fait assez chaud) ; ne le laissez pas fondre.

Incorporez les flocons de piment et le paprika fumé jusqu'à obtenir un mélange homogène, ajoutez une pincée de sel et réservez dans un ramequin. Vous pouvez le préparer à l'avance et le conserver dans une boîte hermétique ou enveloppé dans du papier d'aluminium au réfrigérateur jusqu'à un mois, si vous le souhaitez.

Ensuite, placez les épis de maïs avec leurs enveloppes directement au-dessus d'un barbecue ou d'un gril chaud, ou dans une grande poêle à frire sèche et antiadhésive à feu vif et faites-les cuire, en les retournant de temps en temps, pendant environ 15 min ; la vapeur dans l'enveloppe de l'épi cuit parfaitement les grains. Ajustez le temps de cuisson en fonction de la chaleur de votre barbecue, gril ou poêle.

Répartissez le beurre pimenté en quatre portions et placez-les sur les assiettes de service destinées à recevoir le maïs. Lorsque les épis cuits sont suffisamment refroidis pour être manipulés, retirez les enveloppes, roulez le maïs dans le beurre au piment et dégustez.

GUIDE *du* CUEILLEUR

Les joies de la cueillette

La cueillette est un moyen de nous connecter au paysage et à nos ancêtres par le biais d'un savoir partagé. Elle permet d'établir un lien avec le récit original de l'origine de nos aliments et favorise une compréhension et une appréciation plus profondes des saisons, des sens et de ce que nous mangeons.

En revanche, notre système alimentaire fortement industrialisé repose sur l'agriculture intensive, les monocultures et les cultures génétiquement modifiées, ce qui entraîne une dégradation de la santé des sols et une perte d'habitats pour la faune et la flore. En outre, les produits de laboratoire et la restauration rapide ont provoqué une crise de santé dont l'obésité est le symptôme principal, dans un souci de rentabilité. De nombreux aliments transformés sont savamment formulés pour trouver l'équilibre parfait entre les graisses, les sucres et les hydrates de carbone – ce qui est largement connu dans l'industrie sous le nom de « point de félicité ».

En comparaison, les aliments sauvages peuvent sembler obscurs, compliqués et souvent amers pour nos palais. Nous avons grandi et vivons au sein de ces chaînes alimentaires commerciales, un système qui a également soutenu le rythme du développement humain dans nos cultures. Bien qu'il soit possible, dans un exemple extrême (et avec les compétences adéquates), de ne vivre que de la terre, ce n'est pas réaliste. Cependant, la nourriture sauvage nous donne un aperçu important de la véritable origine de nos aliments et un sentiment de pouvoir sur les choix alimentaires que nous faisons.

La cueillette est un complément amusant à l'exploration de la campagne, qui nous permet d'acquérir des connaissances utiles et, en fin de compte, nous mène à quelque chose de naturellement organique et nutritif qui pourrait devenir un ingrédient principal ou, à tout le moins, une garniture dans un plat fini. Qu'il s'agisse de cueillir de jeunes feuilles, comme celles de l'ail des ours, de l'ail sauvage et du pissenlit au printemps pour préparer une délicieuse salade, ou de trouver des champignons rares, comme les chanterelles et les cèpes à l'automne, il existe toute une gamme d'aliments sauvages qui sont délicieux, gratuits et qui n'attendent que d'être découverts.

Dans cette section, nous dressons une liste de quelques-uns de nos aliments sauvages préférés qui sont faciles à identifier pour les débutants, qui conviennent à la plupart des palais modernes et qui sont facilement disponibles. Il ne s'agit pas d'un guide définitif, et n'oubliez pas qu'il est très important de toujours faire des recherches approfondies, de croiser les sources et, si vous le pouvez, d'apprendre de quelqu'un qui peut vous offrir son expertise en matière de cueillette en toute sécurité, de manière réfléchie et responsable.

De nombreux cueilleurs expérimentés proposent un peu partout des cours et des promenades que vous pouvez réserver et auxquels vous pouvez participer. Outre ses caractéristiques principales, il est essentiel de connaître le biotope et l'apparence d'une plante ou d'un champignon aux différents stades de sa vie pour pouvoir l'identifier avec certitude.

Avant de commencer, il convient de garder à l'esprit un certain nombre de points.

- Tenez compte des lois et réglementations locales.
- Ne mangez jamais quelque chose dont vous n'êtes pas sûr à 100 % ; il peut s'agir d'une entreprise périlleuse avec de nombreuses plantes et champignons qui se ressemblent.
- Ne déracinez jamais une plante, cueillez simplement les feuilles pour qu'elle repousse (et ne les cueillez pas toutes). C'est aussi la loi.
- Évitez les plantes situées en dessous d'une certaine hauteur dans les zones fréquentées par les promeneurs de chiens. La brûlure jaune caractéristique permet de savoir si un chien a uriné dessus.
- Évitez de collecter des produits à proximité de terres agricoles qui ont été récemment aspergées de pesticides ou qui risquent d'être contaminées par les eaux de ruissellement de l'exploitation. Évitez les zones urbaines où les autorités peuvent avoir pulvérisé des produits chimiques pour éradiquer des herbes pernicieuses, telles que la renouée du Japon (qui, ironiquement, est comestible).
- Lavez toujours vos aliments sauvages avant de les consommer, à l'exception des fleurs, qui doivent être secouées pour éliminer tout insecte ou punaise. Le lavage enlève leur nectar et donc leur saveur.

L'objectif des quelques recettes que nous proposons ici est de vous encourager à récolter les ingrédients de la cueillette lorsque vous partez en exploration, puis de réaliser les recettes chez vous, avec peu d'espace de préparation et un équipement limité, par exemple dans votre van ou votre petite maison si vous avez le moyen de le faire.

Ail sauvage des bois ou ail des ours (*Allium ursinum*)

Où ? Europe de l'Ouest et Amérique du Nord orientale.
Biotope : bois humides ou près des cours d'eau.
Disponibilité : fin février à début juin.
Rareté : commun.

Membre de la famille des oignons (*Allium*), l'ail sauvage est disponible dès la fin février, fleurit vers la fin avril, puis commence à se flétrir au début du mois de juin. Les feuilles ressemblent à de longs brins d'herbe elliptiques d'un vert éclatant se terminant en pointe. Chaque plante porte jusqu'à 25 fleurs à six pétales, disposées en grappes serrées et arrondies au sommet d'une seule tige.

Avec une odeur d'ail forte mais douce, c'est l'une des plantes préférées des cueilleurs. Elle est facile à identifier, abondante et très polyvalente. L'ail sauvage peut être consommé cru dans les pestos et les dips, ajouté aux soupes et aux ragoûts comme on le ferait avec des épinards ou des légumes-feuilles verts, ou haché et ajouté aux pâtes fraîches ou aux boulettes. Les boutons peuvent être salés et utilisés comme des câpres et les fleurs ajoutées crues aux salades.

Pesto d'ail sauvage

Ce pesto vibrant et percutant est idéal pour garnir les soupes et les ragoûts, pour être incorporé aux pâtes cuites ou simplement pour être servi comme condiment. Vous pouvez utiliser n'importe quelle noix ou graine, mais nous préférons les amandes ou les noix de cajou.

Pour 2 personnes

80 g de feuilles et de tiges d'ail sauvage
100 g d'amandes ou de noix de cajou crues, finement hachées
50 g de pecorino ou de parmesan fraîchement râpé (ou choisissez une version végétarienne ou vegan)
100 ml d'huile d'olive
le jus de ½ citron

Faites blanchir l'ail sauvage dans une casserole d'eau bouillante pendant 10 s, puis égouttez-le, plongez-le dans de l'eau froide et égouttez-le de nouveau. Hachez l'ail sauvage et mélangez-le à tous les autres ingrédients dans un bol pour préparer le pesto.

Servez immédiatement ou conservez dans un bocal hermétique au réfrigérateur jusqu'à 3 jours. À servir à température ambiante.

Herbe à ail ou alliaire officinale (*Alliaria petiolata*)

Où ? La majeure partie de l'Europe, l'Inde et l'Afrique ; considérée comme une plante envahissante en Amérique du Nord.
Biotope : bords de route, haies et berges ombragées des rivières ou champs ouverts.
Disponibilité : bisannuelle, disponible au printemps et à nouveau en automne si les conditions sont favorables.
Rareté : commune.

Un spectacle bienvenu au printemps, souvent abondant et facile à identifier avec ses feuilles vert vif, légèrement dentées et souples.

Il convient de ne cueillir que quelques feuilles de chaque plante et d'éviter les spécimens plus anciens ou plus grands, qui peuvent avoir un goût trop amer. Lorsqu'elles sont déchirées ou hachées, les feuilles dégagent une odeur d'ail caractéristique.

Les fleurs sont petites et d'un blanc éclatant avec quatre pétales, et peuvent être ajoutées aux salades, tout comme les feuilles. Les feuilles d'herbe à ail peuvent également être mélangées ou hachées dans les sauces et les dips, ou cuites dans les soupes et les ragoûts.

Oxalis des bois (*Oxalis acetosella*)

Où ? Europe et Amérique du Nord.
Biotope : forêts de feuillus et de conifères dans les zones moussues.
Disponibilité : mars à juin.
Rareté : commun.

De taille et d'aspect similaires au trèfle traditionnel, avec des feuilles à trois plis mais d'un vert plus vif et presque brillant, les fleurs blanches à cinq pétales de l'oxalis des bois, aussi appelé petite oseille des bois, ont une jolie nervure rose et restent fermées à moins d'être exposées à la lumière du soleil. La caractéristique principale de l'oseille est son goût citronné, surtout dans les feuilles. L'oseille des bois constitue une excellente garniture, en particulier avec le poisson ou dans les salades.

Remarque : les feuilles et les fleurs peuvent être consommées, mais seulement en petites quantités, car elles contiennent de l'acide oxalique, qui est un diurétique puissant.

Fleurs et baies de sureau (*Sambucus nigra*)

Où ? Europe (sauf Scandinavie du Nord) et Amérique du Nord.
Biotope : haies, lisières de forêts et zones urbaines à proximité des voies ferrées et des bâtiments.
Disponibilité : fleurs en juin et juillet, baies en août et septembre.
Rareté : commun.

Un classique bien connu pour ses fleurs abondantes et capiteuses au début de l'été, et ses baies sombres et juteuses qui apparaissent pendant une courte période à la fin de l'été et au début de l'automne. Ses utilisations sont nombreuses et variées, du vin mousseux à la réduction de sureau en passant par les produits de soin de la peau.

Le sureau se présente généralement sous la forme d'un petit arbuste hirsute, mais il peut aussi devenir un arbre plus substantiel à l'écorce semblable à un bouchon de liège. Essayez toujours de cueillir les têtes de fleurs tôt le matin, avant que le soleil ne les éclaire, afin d'en tirer le meilleur parfum et la meilleure saveur.

Les feuilles vert foncé, légèrement dentées, sont disposées par paires opposées, en groupes de cinq ou sept. Les fleurs sont nombreuses, composées de minuscules pétales blancs avec des sommets jaunâtres (anthères), disposées en abondance dans de grandes grappes au sommet plat, jusqu'à 25 cm de large.

Les petites baies rougeâtres à pourpre foncé forment des grappes et sont mûres pour la cueillette lorsque les grappes se retournent. Cueillez-les entières en les coupant à partir de la tige, puis lavez-les bien et détachez les baies des pédoncules à l'aide d'une fourchette. Deux recettes classiques sont proposées ci-après.

Cordial de fleurs de sureau

Servez ce délicieux cordial dilué à votre convenance avec de l'eau plate ou pétillante (ou du vin blanc pétillant), ou ajoutez-le à un gin tonic. Vous pouvez également l'utiliser pour parfumer des desserts, comme la recette du pain perdu à la page 28, ou pour sucrer des plats tels que des crêpes ou du porridge.

Pour environ 2 bouteilles de 750 ml

1 l d'eau bouillante (de la bouilloire)
1,25 kg de sucre en poudre
le zeste râpé de 1 citron, et le citron entier coupé en tranches
2 cuil. à soupe d'acide citrique
15 fleurs de sureau fraîchement cueillies, secouées pour éliminer les insectes (non lavées)

Versez l'eau bouillante dans un saladier et incorporez le sucre jusqu'à ce qu'il soit dissous.

Incorporez le zeste et les tranches de citron ainsi que l'acide citrique, puis ajoutez les sommités fleuries entières. Couvrez et laissez reposer à température ambiante pendant 24 h.

Une fois qu'il est prêt, filtrez le cordial à travers un torchon propre, une passoire à mailles fines ou, de préférence, une mousseline. Versez dans des bouteilles ou des récipients stérilisés et hermétiques, fermez, étiquetez et conservez au réfrigérateur jusqu'à 6 mois. Après ouverture, conservez au réfrigérateur jusqu'à 1 mois. Utilisez selon les besoins (voir intro).

Vinaigre de sureau

Il s'agit d'un vinaigre délicieux à utiliser dans les vinaigrettes pour les salades de légumes-racines, comme la betterave, ou à incorporer dans les ragoûts d'hiver. Remarque : ce vinaigre a besoin de 1 à 2 mois pour vieillir avant d'être utilisé.

Pour environ 500 ml

10 têtes de sureau fraîchement cueillies, pleines de baies mûres, lavées
500 ml de vinaigre de vin rouge, ou 300 ml de vinaigre de vin rouge et 200 ml de vin rouge
75 g de sucre en poudre

À l'aide d'une fourchette, équeutez les baies et placez-les dans un bol ou un récipient non métallique (nous utilisons un bocal en verre/Kilner ou un récipient en plastique) contenant le vinaigre ou le mélange de vinaigre et de vin rouge, puis couvrez hermétiquement et laissez infuser dans un endroit frais et sombre pendant 1 à 2 mois.

Au bout de ce temps, filtrez le liquide dans une casserole, incorporez le sucre, puis portez lentement à ébullition et laissez mijoter pendant 1 min pour dissoudre le sucre. Versez dans une bouteille ou un bocal stérilisé, fermez, étiquetez et conservez dans un endroit frais et sombre (ou au réfrigérateur) jusqu'à un an ou plus. Une fois ouvert, il se conserve également très bien.

Salicorne d'Europe (*Salicornia europaea*)

Où ? Côtes européennes et nord-américaines.
Biotope : plages rocheuses, marais salants et vasières.
Disponibilité : début de l'été (à partir de mai).
Rareté : peu commune, mais abondante là où elle pousse.

Ingrédient populaire auprès des chefs et souvent servi avec des fruits de mer, ce succulent saumâtre fait partie de la famille des chénopodes et ressemble à des haricots verts ou à des asperges lorsqu'il est lavé et rapidement blanchi. Il en existe plusieurs variétés, mais elles sont difficiles à distinguer les unes des autres et toutes sont comestibles. C'est une plante annuelle qui apparaît au début de l'été et devient rougeâtre vers la fin de sa saison.

Vinaigre de salicorne

Infusé à la salicorne, ce vinaigre constitue un ajout intéressant à votre garde-manger. Il peut être utilisé pour assaisonner les salades ou aromatiser la mayonnaise, ou encore être servi avec des fruits de mer ou d'autres plats salés. Remarque : ce vinaigre a besoin de 2 à 3 mois pour vieillir avant d'être utilisé.

Pour environ 500 ml

50 g de salicorne fraîche
6 baies de piment de la Jamaïque séchées
1 échalote, coupée en dés
500 ml de vinaigre de riz ou de vinaigre de cidre

Placez tous les ingrédients dans un bocal ou une bouteille propre, couvrez hermétiquement et réservez dans un endroit frais et sombre pendant 2 à 3 mois.

Après cette période, filtrez dans une bouteille ou un bocal stérilisé, fermez, étiquetez et conservez dans un endroit frais et sombre (ou au réfrigérateur) jusqu'à un an ou plus. Une fois ouvert, il se conserve également très bien.

Reine-des-prés (*Filipendula ulmaria*)

Où ? Toute l'Europe et l'Amérique du Nord.
Biotope : prairies humides, marais, marécages et généralement près des rivières.
Disponibilité : fleurs de juin à septembre.
Rareté : peu commune, mais pousse ensemble ou en grandes parcelles.

La reine-des-prés est facile à reconnaître grâce à ses fleurs duveteuses, semblables à de la barbe à papa, qui poussent souvent en grandes étendues dans les champs humides le long des berges des rivières, atteignant une hauteur comprise entre 1,5 et 2,5 mètres. Les capitules sont odorants et ont le goût du miel et des amandes, et peuvent être séchés et utilisés pour aromatiser la bière ou le vin, pour boire comme du thé ou pour faire un cordial semblable au cordial de fleurs de sureau.

Cordial à la reine-des-prés

2 l d'eau
500 g de sucre
le jus de 2 citrons
1 grand bouquet de fleurs de reine-des-prés (environ 50 têtes)

Portez l'eau à ébullition et ajoutez la moitié du sucre et le jus de citron. Ajoutez les fleurs dans la casserole, puis portez à nouveau à ébullition et laissez mijoter pendant 2 min.

Éteignez le feu et laissez infuser toute la nuit.

Le lendemain, filtrez les fleurs du liquide, ajoutez le reste du sucre et portez à ébullition pendant 5 min. Décantez dans des bocaux stérilisés et utilisez dans des cocktails ou comme sirop.

Églantier des chiens ou rosiers des chiens (*Rosa canina*)

Où ? Toute l'Europe et l'Amérique du Nord (à l'exception de l'extrême nord).
Biotope : haies, friches et lisières de bois.
Disponibilité : août à novembre.
Rareté : commun.

Les cynorrhodons proviennent de l'églantier des chiens, une plante commune et épineuse qui produit des fleurs rose pâle au début de l'été et des fruits ovales rouge vif plus tard dans l'année. Les cynorrhodons sont en fait une partie renflée de la tige, qui contient les fruits poilus et les graines. Il est préférable de les cueillir juste après les premières gelées d'automne, lorsqu'ils sont les plus mûrs et les plus savoureux. Le sirop de cynorrhodon est l'un des aliments préférés en raison de sa très forte concentration en vitamine C et de son goût rappelant la rhubarbe et la crème pâtissière. Nous nous servons d'une vieille recette du ministère de l'Alimentation datant de 1943 pour fabriquer notre sirop de cynorrhodon. Il peut être utilisé comme arôme pour les riz au lait, les crèmes glacées ou presque tous les desserts, ou simplement être dilué dans de l'eau ou du vin mousseux comme boisson rafraîchissante.

Raifort (*Armoracia rusticana*)

Où ? Europe et Amérique du Nord ; originaire d'Asie occidentale.
Biotope : bords de route, friches et bordures de champs.
Disponibilité : fleurs de mai à septembre.
Rareté : peu commun.

Une fois que l'on a repéré le raifort, il est difficile de le manquer. Si vous connaissez les feuilles de rumex, le raifort a un aspect similaire, mais ses tiges droites sont plus longues et plus hautes, et ses feuilles sont légèrement dentées et cireuses, sans les taches rouges que l'on trouve sur les feuilles de rumex. Le raifort étant une racine, vous devez obtenir l'autorisation du propriétaire du terrain pour le déterrer. Le système racinaire du raifort étant vaste et tentaculaire, vous aurez besoin d'une bêche. Pour préparer une sauce au raifort frais, nettoyez-le soigneusement, puis épluchez et râpez la racine fraîche dans un bol, mélangez-la avec de la crème fraîche ou de la crème aigre et assaisonnez avec du sel.

Épine noire/prunellier/buisson noir (*Prunus spinosa*)

Où ? Grande-Bretagne continentale et naturalisé en Amérique du Nord-Est.
Biotope : haies et lisières de bois.
Disponibilité : début de l'automne à décembre.
Rareté : peu commune, bien que largement répandue et originaire du Royaume-Uni.

Également connues sous le nom de prunelles, ses baies très acidulées sont l'ancêtre des prunes cultivées. Elles poussent sur un arbuste raide et dense, avec des feuilles ovales vert foncé, des épines très pointues et des pétales blancs fleurissant avec des anthères orange vif en avril.
Les baies sont d'abord vertes, puis mûrissent pour devenir bleu foncé/noir. Elles sont trop acides pour être mangées directement sur l'arbre, mais peuvent être transformées en une bonne gelée ou en un célèbre gin aux prunelles – ce qui est fortement recommandé.

Comme pour l'églantier, il est préférable de cueillir les prunelles mûres juste après les premières gelées. Il est également possible de faire une petite entaille dans chaque baie non gelée à l'aide d'un couteau bien aiguisé ou de les mettre au congélateur pendant une nuit pour obtenir le même effet.

Gin aux prunelles (*sloe gin*)

Il s'agit d'une excellente boisson d'hiver, servie fraîche ou à température ambiante dans un verre à liqueur. Le gin aux prunelles peut même être utilisé comme cordial dans les desserts, par exemple, incorporé à la crème fouettée ou ajouté aux crumbles/tartes ou à la gelée. Remarque : il faut laisser infuser le gin pendant environ 2 mois avant de l'utiliser.

Pour environ 750 ml

250 g de prunelles mûres (voir les informations générales ci-dessus pour connaître le moment idéal pour les cueillir)
125 g de sucre en poudre
750 ml de gin (ou vous pouvez utiliser de la vodka ou une eau-de-vie)

Mélangez les prunelles avec le sucre en poudre et remplissez un grand bocal à fond large ou plusieurs bocaux avec ce mélange, puis complétez avec le gin (ou la vodka ou l'eau-de-vie). Couvrez hermétiquement, étiquetez et conservez dans un endroit frais et sombre pendant 2 mois environ, en secouant le ou les récipients de temps en temps. Le gin (vodka ou eau-de-vie) aux prunelles sera prêt juste à temps pour Noël (pratique).

Filtrez dans une bouteille stérilisée, fermez et étiquetez. Servez frais ou à température ambiante. Goûtez les baies imbibées de gin et mangez-les telles quelles, car elles auront perdu leur côté amer et se seront imprégnées de la saveur du gin.

Châtaignes (*Castanea sativa*)

Où ? Europe et Amérique du Nord.
Biotope : forêts et parcs.
Disponibilité : septembre à novembre.
Rareté : communes.

Grand arbre à feuilles caduques, à feuilles simples, dentelées et en forme de lance, et à chaton jaune blanchâtre, qui fleurit à la fin de l'été. Les fruits verts épineux tombent à l'automne et révèlent deux ou trois graines brillantes.

Les meilleurs châtaigniers sont les très grands et vieux arbres, qui perdent leurs fruits au début de l'automne. Il est conseillé de porter des gants pour cueillir les châtaignes dans leur enveloppe hérissée, et de bien regarder où vous mettez les pieds.

Les châtaignes fraîches doivent toujours être cuites (rôties ou bouillies), puis pelées avant d'être consommées.

Chanterelles/girolles (*Cantharellus cibarius*)

Où ? Europe et Amérique du Nord.
Biotope : principalement forêts de feuillus, en particulier autour des hêtres, mais également dans les forêts de pins.
Disponibilité : juillet à octobre.
Rareté : rares.

Elles sont largement considérées comme l'un des champignons les plus désirables et, pour un cueilleur, tomber sur des chanterelles, c'est comme trouver de l'or. Elles sont de couleur jaune d'œuf, avec une chair plus pâle lorsqu'elles sont coupées, et une agréable odeur d'abricot. Les branchies sont fourchues, peu profondes et continues avec la tige. Le chapeau est en forme d'entonnoir avec des bords irréguliers, lobés et frisés. Classiquement, les chanterelles sont frites dans du beurre et servies sur des toasts avec des œufs brouillés.

Attention : certains sosies peuvent provoquer de graves troubles gastriques, notamment la bien nommée fausse chanterelle.

Index

Glossaire

Sauce brune HP : sauce anglaise, à base de tomates, dattes, tamarin, mélasse et d'un mélange d'épices tenu secret.

Sauce A.1. : marque de sauce brune américaine.

Remerciements

Nous sommes très reconnaissants à Lucy et à toute l'équipe de Pavilion Books d'avoir commandé ce projet créatif, d'avoir tenté leur chance avec nous en tant qu'auteurs débutants et de nous avoir rappelé que les opportunités peuvent se présenter de manière surprenante.

À tous nos amis et à notre famille au Royaume-Uni et aux États-Unis pour leurs encouragements et leur positivité tout au long de ce processus. Nous n'aurions pas pu réaliser ce livre sans vos idées, vos contributions et vos tests de dégustation tout au long du processus.

À Cara, notre éditrice, qui nous a guidés tout au long de la rédaction de ce livre. À Nicky, notre graphiste, qui a trouvé les meilleurs endroits dans le Kent et le Sussex, et qui s'est surpassée pour la conception et la direction artistique. Pour Holly, qui a apporté un style si réfléchi et si joyeux à ce livre grâce à ses photographies. Becks, Rachael et Joanna, merci d'avoir mis en scène chaque plat avec tant de beauté et d'authenticité. L'énergie, l'esprit de collaboration et l'excellente compagnie de tout le monde ont rendu chacune de nos journées de tournage mémorable cet été. Merci également à Sam à Hook Farm et à Virginia à Broadstairs location house.

Danny tient à remercier tous les chefs avec lesquels il a travaillé au fil des ans, qui lui ont apporté un soutien inestimable et qui ont également inspiré de nombreuses recettes dans ce livre – en particulier Jamie Ross, George Livesey et Tom Hunt.

Et enfin merci, à tous ceux qui apportent un esprit d'aventure et de débrouillardise dans leurs voyages, ainsi qu'une appréciation et un respect pour le monde naturel.